加密之王

币基的崛起、危机与加密经济的未来

[加] 杰夫·约翰·罗伯茨—— 著

何文忠 等 —— 译

中信出版集团 | 北京

图书在版编目（CIP）数据

加密之王：币基的崛起、危机与加密经济的未来 /
（加）杰夫·约翰·罗伯茨著；何文忠等译 . -- 北京：
中信出版社 , 2022.5
书名原文：Kings of Crypto
ISBN 978-7-5217-3461-4

Ⅰ . ①加… Ⅱ . ①杰… ②何… Ⅲ . ①数字货币－研
究 Ⅳ . ① F713.361.3

中国版本图书馆 CIP 数据核字（2021）第 171153 号

加密之王：币基的崛起、危机与加密经济的未来
著者：　　〔加〕杰夫·约翰·罗伯茨
译者：　　何文忠　等
出版发行：中信出版集团股份有限公司
　　　　　（北京市朝阳区惠新东街甲 4 号富盛大厦 2 座　邮编　100029）
承印者：嘉业印刷（天津）有限公司

开本：880mm×1230mm 1/32　　　印张：9.5　　　字数：190 千字
版次：2022 年 5 月第 1 版　　　　印次：2022 年 5 月第 1 次印刷
京权图字：01-2021-4817　　　　　书号：ISBN 978-7-5217-3461-4
定价：69.00 元

版权所有·侵权必究
如有印刷、装订问题，本公司负责调换。
服务热线：400-600-8099
投稿邮箱：author@citicpub.com

献给我的妻子埃米

加密
之王

Kings *of* Crypto

目
录

03

第三部分
从加密寒冬到加密未来

关于本书的说明

2013 年，我第一次了解到比特币和币基（Coinbase，加密货币交易平台）。那时我是科技博客网站 GigaOm 的一名记者，报道法律和技术之间的冲突，包括当时新出现的加密货币现象。在一个炎热的七月天，我开始调查一个在纽约联合广场的某个角落举办的名叫"中本聪广场"的活动。我相信参加这个活动肯定需要比特币，于是我以 70 美元的价格从币基买了一个比特币，打算花掉它。令人高兴的是，我忘记花了，最终留下了这个比特币。那年晚些时候，它的价格达到了荒谬的 800 美元，我卖出了一半。

从那时起，我就对加密货币以及币基在将加密货币推向大众方面所扮演的角色着了迷。2013 年以来，我多次为 GigaOm 和《财富》杂志撰写有关币基的文章。

在为写作本书进行调研的过程中，我借鉴了以前的工作经历，并对币基的高管和董事会成员进行了多次额外采访。

我还采访了加密货币世界中其他许多颇具影响力的人物，包括学者、投资者、币基的竞争对手以及与其关系密切的人士。本书中的大部分叙述，包括几乎所有引用币基员工的话，都来自这些采访。

我还广泛使用了辅助资料，包括《连线》杂志、《纽约时报》、《福布斯》杂志和 CoinDesk（专门研究比特币和数字货币的新闻网站）的新闻报道。本书还利用了有关第一代加密货币的优秀历史资料，包括《数字黄金》、《加密货币时代》和《区块链革命》。当我直接依靠这些资料进行叙述时，我尽了一切努力加以识别。

本书是 2020 年 5 月发行的《加密之王》音频版的更完善版本。现在你手中的这本书包含有关币基的最新消息，并更正了几个小错误。

第一部分

从公开的秘密到内战

第一章

——。

布赖恩有一个秘密

布赖恩·阿姆斯特朗走下车，感受到加州柔和的阳光正照在他光秃秃的头顶上，他还闻到了桉树的气味。他凝视着Y Combinator（著名创业孵化器）办公楼的正立面，那是一栋单层建筑，距离谷歌山景城园区仅5英里①远。这个建筑看起来更像是一个冷清的郊区办公园区，而非一所著名的"创业学校"。这个"学校"培养了Stripe（在线支付服务商）、Dropbox（多宝箱）和其他一些价值10亿美元的公司的创始人。这个地方单调的外表并没有让布赖恩感到失望，他知道在他之前谁来过这里并取得了成功。他刚刚离职的公司——爱彼迎的创始人已经从Y Combinator中脱颖而出，其他硅谷明星，如DoorDash（外卖平台）、Twitch（游戏影音流平台）

① 1英里≈1.6千米。——编者注

和 Reddit（社交新闻站点）的首席执行官也是如此。第一眼看起来，布赖恩脸色苍白，还有些腼腆，但他身形修长，整个人散发出一种平静的自信。虽然他几天前同其潜在的联合创始人"分手"了，但他并不因此而烦恼，只是这使他成了一个少有的独自完成项目的企业家。那是 2012 年的夏天，布赖恩确信他将建立由 Y Combinator 孵化的下一个著名的初创公司。

但事情并非总是如此。往南 12 英里处的圣何塞，是布赖恩在 20 世纪 90 年代度过少年时期的地方，那时的他浮躁不安，隐隐感到不快乐。圣何塞是美国第十大城市，是硅谷的中心，但它仍然像一个死气沉沉的停车场——当时和现在都是如此，这里的许多人无所事事，布赖恩对此深有体会。直到互联网出现，一切才开始改变。

就像许多其他聪明但内向的孩子一样，互联网的出现给布赖恩带来了朋友，也给他带来了大量令人兴奋的想法。如今，对布赖恩而言，被困在毫无生气的圣何塞不再重要，因为他的电脑里存在一个由黑客和哲学家组成的全球社区。2001 年到莱斯大学就读时，布赖恩就意识到自己想利用互联网来重塑世界，就像早期的技术远见者用微芯片和台式计算机带来变革一样。

但是存在一个问题。

"我一直有这样一个想法：'我希望自己出生得早一点。'

大学毕业开始工作时，我担心自己可能开始得太迟了。"布赖恩回忆道，"成型的互联网公司已经建成，革命已经发生。"

当然，他错了。互联网革命正如火如荼，无论好坏，企业家都正在用它来重塑我们的家园和生活。2008年末，一个神秘人用"中本聪"这个名字在网上发布了一份长达9页的白皮书，这给货币带来了同样的革命。一年后，布赖恩发现了那篇论文。

那天是圣诞节，布赖恩回到位于圣何塞的父母家，像往常一样在自己的旧房间里上网看科技新闻。有人在计算机论坛上贴出了中本聪的白皮书。他立刻就被吸引住了，一读再读白皮书中所描述的内容：有一种新型数字货币，名为比特币，这一货币能在任何银行、公司或政府领域的外部流通；比特币像银行系统一样能够记录交易，但交易是由计算机上随机的人记录的，而这些计算机散布在全球各地；这是真正的货币，但不受银行管控，没有国界。布赖恩的母亲从楼下打来电话让他下去与家人共进晚餐，但他没有理睬，而是开始第三次阅读中本聪的白皮书。

两年半后，当布赖恩走进 Y Combinator 的大门时，他比以往任何时候都更加关注比特币。到这一刻为止，他已经形成了自己对比特币的独到见解，而且很快就会向数百万人传达这种见解。

　　机敏的亿万富翁彼得·蒂尔在其创业圣经《从 0 到 1》中谈到了一个"公开的秘密"——商业构想总是被那些不怕挑战传统思维的人采撷。蒂尔举了爱彼迎的例子。爱彼迎的创始人看到了空房间的潜在市场，优步的创始人意识到可以用GPS（全球定位系统）信号和智能手机应用程序来线上打车。

　　商业作家迈克尔·刘易斯的书籍提供了这个"公开的秘密"的其他示例。在《点球成金》中，刘易斯描述了一位总经理依靠数据而非经验丰富的球探长期以来的智慧建立了一支冠军棒球队的故事。在《说谎者的扑克牌》中，他讲述了一个交易员是如何通过将房屋贷款捆绑到抵押债券中，从而在其华尔街公司大获全胜的——这是一个显而易见的想法，但在当时是一个秘密，因为它不符合普遍共识。

　　2012 年，布赖恩抓住了他自己的"公开的秘密"。他知道比特币会是一种改变世界的技术，但对大多数人来说，购买比特币是一件混乱而复杂的事情。如果他能让事情变得简单呢？ Y Combinator 的总裁萨姆·奥尔特曼深知这种简单的力量，也知晓布赖恩试图做的事情。"使东西便于使用对 99% 的人来说都很重要，但技术人员却忽视了这一点。当Dropbox 推出时，有的程序员说：'你完全可以使用这些命令行工具备份所有文件，我不明白为什么有人需要 Dropbox。'"
他描述的是一个对程序员来说平淡无奇的计算机运算过程，
但对其他人来说却很困惑。

同样的道理也适用于比特币。如果有人建立了一个网站，
让人们可以像在网上购买股票那样购买比特币，那么更多的
人会选择去尝试它。但是比特币爱好者却对这个想法嗤之以
鼻。他们没有看到这个想法的关键之处。相反，许多人试图
优化中本聪的白皮书中所描述的技术原理，建立自己的加密
货币，以期致富。用奥尔特曼的话说："加密社区中的每个人
都想创建一个新版本的比特币。当时有一种心态：'我要通过
制造一种新货币并给自己留 20% 来迅速致富。'"

布赖恩的看法与他们不同。通过抓住这个"公开的秘
密"——能轻松购买比特币的潜在需求——他建立了一个
后来成为币基网站的模型。2012 年 8 月 21 日，布赖恩在 Y
Combinator 的演示日登台，这是一个半年一度的活动，许
多初创公司会于演示日在风险投资家和科技媒体面前拼命展
示自己的产品。对于创始人来说，这是一个小小的荣耀时
刻，但不可避免的是，在接下来的几个月里，大多数人都会
被淘汰。这是初创公司的普遍命运，但不是所有公司都会是
这个结果，比如布赖恩在 Y Combinator 学习时，和他同班的
两位创业者所开的两家公司——一个是 Instacart，现在是价
值 10 亿美元的食品杂货服务平台；另一个是食品科技公司

Soylent，它开发了一种代餐产品——后来在硅谷和其他地区收获了一批狂热的拥趸。

轮到布赖恩在演示日展示时，他满怀信心，走上展台。他用简洁的口号向观众分享他的想法："币基：开始使用比特币的最便捷方法。"

现在回想起来，这个口号是如此直白。

· · ·

布赖恩对比特币潜力的前瞻性洞察将使他成为亿万富翁。然而，这也会让他失去一个朋友。2012 年的那个夏天，布赖恩并没有计划独自去 Y Combinator，因为那里不鼓励单人创业。"创业学校"想要联合创始人，即多个人而非一个人。

尽管硅谷崇尚个人企业家，但实际情况却是，同许多创造性尝试一样，在很大程度上科技初创公司是一项团队活动，通常是两人合作。在诸如《协作圈》（*Collaborative Circles*）和《合作的力量》（*Powers of Two*）之类的作品中，研究者已经说明了天才很少是孤独的：约翰·列侬和保罗·麦卡特尼互相依靠，共同创作了甲壳虫乐队的经典热门歌曲；巴勃罗·毕加索和乔治·布拉克使用画笔一同创造出立体主义；生物学家詹姆斯·沃森和弗朗西斯·克里克通过紧密协作，发现了双螺旋结构和 DNA（脱氧核糖核酸）。

技术方面也是如此。苹果与史蒂夫·乔布斯之间的关联尽人皆知。但在成立初期，如果没有另一位史蒂夫——乔布斯的合作伙伴和编程专家史蒂夫·沃兹尼亚克，那么苹果公司是难以起步的。对谷歌来说，情况亦是如此，拉里·佩奇和谢尔盖·布林在斯坦福大学的研究生导师谈到了这两位搜索引擎创始人近乎全部的思想交融。帕洛阿尔托的一个车库被称为硅谷发源地，这个地方现在是加利福尼亚州的地标，但这个地标并不属于一个孤独的发明家，而属于两个人：创立惠普的比尔·休利特和戴维·帕卡德。

经验告诉 Y Combinator 的监察员，一个好的联合创始人同一个好的商业计划一样重要。"看看那些成功的公司，你会发现它们都是由合作伙伴一起创立的。"Y Combinator 的奥尔特曼说，"根据我们的经验，成为一个独立创始人极其困难。一家初创公司的起起落落非常激烈，在苦苦挣扎时，你们需要相互鼓励。"

在 Y Combinator 的计划开始之前，布赖恩一直有一个联合创始人，名叫本·里夫斯。本是一个腼腆的英国年轻人，是一个编程奇才，与布赖恩一样对比特币充满激情。两人在比特币讨论网站上进行了在线会面。不久后，布赖恩和本计划一起创办一家公司。他们组成了一个团队，向 Y Combinator 提出了申请，这个赫赫有名的"学校"接受了他们。然而，就在本即将从英国登上飞机和布赖恩会面的前几天，两人在一个关键问题上发生了冲突，于是布赖恩开除了他。"联合创业真的就像婚姻。即使我认为我们彼此之间相互尊重，但我们的合作并不尽如人意。"布赖恩在进入 Y Combinator 的前几天给本发送了电子邮件。

另外，布赖恩更改了他们一同构建的代码库的密码。在初创公司的意义上，这相当于从联合银行账户中将配偶除名。但布赖恩必须这样做。

布赖恩和本的冲突点不是审美上的，甚至不是战略上的，而是理论态度上的。关于比特币应该是怎样的这一问题，他们的争执演变成了近乎宗教般的冲突。

笔名为中本聪的人在长达 9 页的白皮书中阐释比特币时，描述了一种去中心化技术的新发明。"去中心化"这个词是关键，这意味着没有任何一个人、一个公司或政府能够控制建立比特币的网络。同时，买卖比特币的人不能依靠银行或其他任何人来管理其数字货币储备。拥有比特币意味着使用一种叫作"私人密钥"的东西——一个由字母、数字和符号组成的很长的复杂字符串，这个密钥可以打开和关闭你的在线钱包。如果一个人弄丢了密钥，那么比特币就永远消失了。这相当于一堆现金的数字等价物，被存放在一个牢不可破的保险箱里，但没有人知道其密码组合。

这就是币基涉及的领域。布赖恩的想法是提供一种服务，让你可以在不保存私人密钥的情况下拥有比特币，这是他抓住的"公开的秘密"。币基为你提供这项服务。

虽然这是一个常识性解决方案，但是比特币纯粹主义者认为这是异端，因为这种方式违背了中本聪所代表的一切。客户能通过币基购买比特币，然后将其转移到他们用私人密钥控制的钱包中，这并不重要。重要的是一个原则问题，在纯粹主义者看来（2012 年纯粹主义者在加密社区中占绝大多数），布赖恩和他对币基的愿景代表了这样一个词——集中化，他是一个中本聪愿景的异端和叛徒。

布赖恩和本从未和解。本将继续建立属于他自己的成功的比特币公司，但他从未忘记布赖恩是如何抛弃他的。多年后，本允许《连线》杂志一字不差地发布布赖恩向他提出"分手"的电子邮件文本，本的领英页面上仍然写着"币基创始团队成员"。

布赖恩如今淡化了两人之间的裂痕。与本决裂是在 Y Combinator 的一位高管的敦促下发生的，布赖恩认为这是必要的。但在当时，这也是一个主要问题。由于和本在最后一刻决裂，布赖恩作为独立创始人通过了 Y Combinator 的考验，成了一位杰出的企业家。进入创业孵化器，布赖恩收获了训练经验，同时可以利用创业孵化器中出色的导师和投资者人脉。然而，当遇到困难时，再也没有人让他振作起来或鼓励他了。他将会非常艰难。

Y Combinator 收入麾下的公司数量很少，虽然创业孵化器为这些公司提供了声誉，并且进行了宣传，但得到创业孵化器的认可并不等于这些公司就成功了。现实是，演示日大肆宣传之后，超过 80% 的初创公司悄无声息地耗尽了资金，宣告失败。这些公司通常有两到三名创始人全力以赴来摆脱危机。2012 年夏天，币基只不过是一个拥有独立创始人的营销创意以及一个尚未完成的网站的公司，该公司需要更多东西才能起步——数百万行的代码、产品测试、商业策略，当然还有现实生活中的客户。如果布赖恩不能做到这一点，那么币基将重蹈大多数初创公司的覆辙——失败。布赖恩的胜算很渺茫。

· · ·

位于山景城的 Y Combinator 以南 5 英里处是一个名为森尼韦尔的硅谷小镇。这里的空气同样清新，弥漫着桉树的气味，郊区街道平淡无奇，该地区传统的通勤铁路服务商——加州火车在这里有一个停靠站。这里是数十家著名科技公司的所在地，包括雅达利、雅虎、奔迈和芯片制造商 AMD（超微半导体公司）。还是在 2012 年的夏天，这里也成了一个名叫弗雷德·埃尔扎姆的年轻"华尔街难民"的家。

高中时代的弗雷德是人人都认识的校草。他拥有模特般出众的外形，一张轮廓分明的脸，一头金发，还经常表现出一种神气活现的运动才能。弗雷德在新罕布什尔州的康科德长大，经常会同和他一样受欢迎的人聚在一起，这样做理所当然，但感觉从来都不对。

他说："我感觉自己就像是生活的旁观者。"他做了他被期望做的事情：取得好成绩，在曲棍球和篮球方面表现出色。然而，希望能取悦父亲的欲望折磨着他。弗雷德的父亲是一位努力上进的工程师，毕业于哈佛商学院，对世界充满期待。多年后，当在华丽的顶层公寓凝视着旧金山和远处大海的广阔风景时，弗雷德仍然不知道他是否符合标准。"虽然你非常擅长电子游戏，但游戏会越来越难。"他若有所思地说。

弗雷德用的这个比喻很贴切。他比几乎任何人都更了解电子游戏。尽管高中时周围的世界从未让他感到自在，但在互联网上发现的世界却让他感到放松。每天，他都会尽可能快地完成曲棍球或篮球练习，赶去玩《魔兽世界》或《使命召唤》，他经常熬夜，这样他就可以在两个游戏的在线联赛中保持竞争力——一个在美国，另一个在欧洲。到大四的时候，他已经成了一名职业游戏玩家，入围了美国各地的锦标赛，并在比赛中获胜。

电子游戏使弗雷德摆脱了高中学习和家庭生活的压力，但那只是暂时的。很快，毕业季到了，他在杜克大学获得了计算机科学专业的学位，然后是时候过上体面的生活了。他做到了——在高盛担任外汇交易员。他承认："在高盛做外汇交易员是我在现实生活中最接近玩电子游戏的时候，同时我还拥有一份能带来金钱和声望的工作。"

弗雷德看起来很像干这行的人，他也很擅长这项工作，但这并不意味着他喜欢它。事实上，他在工作时感到喘不上气来。他在高盛的老板是华尔街的老派人物，会大吼着打电话，会在交易场中与其他人争吵，不喜欢那种渗透进金融行业的新型交易方式，这种方式在很大程度上奖励了那些编写最佳算法的人。著名的西海岸风险投资家（也是未来的币基董事会成员）马克·安德森曾预言："软件正在吞噬世界。"这个预言即将成真。它将吞噬那些老派交易员，即便他们并不想承认。

"他们称软件工程师为'IT'（信息技术），并将其视为二流，"弗雷德回忆道，"他们对自动化技术有些反感。要是我想做的事情可以代替一半的交易台工作，他们完全不会认同。那是一个非常离奇的时刻。"

就像高中时一样。从表面上看，弗雷德是一个成功的交易员，在取悦其父母，但在内心深处，他希望自己能逃离这种生活。因此，他的反应和高中时一样，深夜在互联网上逃避现实，探寻人类和世界以及一个他所属的地方。这一次，他被博客和 Reddit 上关于一种新型数字货币的帖子迷住了，任何人都可以在没有中央银行的情况下获取这种货币，或者说，不再需要像高盛这样的商业银行。弗雷德认为，比特币是一种无政府干预的货币，而不只是一个有趣的想法。这是一种必然。日复一日，他眼睁睁地看着华尔街大肆挥霍联邦储备基金。海外的情况甚至更糟——由于政治领导人史诗般的管理不善，像希腊这样的国家陷入了没完没了的救助困境。相比之下，曾经疯狂的比特币概念显得很理智。此外，弗雷德意识到，比特币是他生来就要做的工作：他从多年使用电子游戏货币的经验中了解数字货币，作为华尔街交易员的他也熟知金融。他想加入比特币行业。

但有一个问题，所有变革似乎都在硅谷进行。当然，这是一个他有所耳闻的地方，然而在新英格兰长大的他并不能领会这到底是怎么回事。不过，他逐渐意识到，如果想用软件做大事，那么硅谷就是该去的地方——就像画家涌向巴黎，电影制片人涌向好莱坞一样。甚至纽约，那个据说拥有一切的地方，也没有提供商业模式和计算机科学魔法的特殊混合物。是时候该离开了。在高盛工作两年后，弗雷德走出了华尔街的高楼，前往森尼韦尔郊区。

• • •

弗雷德和布赖恩在咖啡店会面。像许多其他著名的硅谷场所一样，这家咖啡店看起来并不大，是个低矮的单层木建筑，门框上方有一些白色字母，有一个小露台和一些可以自行入座的室内座位，桌子上放着写有早餐三明治、沙拉以及常见的几种鸡尾酒和卡布奇诺咖啡的菜单。这是旧金山某个平常街角上一个不起眼的地方，但它的墙壁见证了价值数十亿美元的风险投资交易，以及无数初创公司所努力追求的成功和遭受的失败。

这家咖啡店很受欢迎，可能是因为它就在高速公路的出口匝道处和加州通勤火车停靠站附近，也可能是因为顾客可以轻松自由地进出，又或者可能只是因为技术人员总是在那里相遇。（然而，众多富有的顾客也无法帮助这家咖啡店熬过新冠肺炎疫情——这家著名的咖啡店在 2020 年 8 月倒闭。）

布赖恩选择这家咖啡店，是因为它就位于他在布鲁索姆街 1 号租用的临时办公室对面。几个月前，他带着一份很长的联系人和潜在投资者名单离开了 Y Combinator，而"创业学校"拿走了他公司 7% 的股份（对每个注册学生都一样）。尽管如此，布赖恩在工作上和私底下都非常孤独，直到弗雷德在 Reddit 上回复了布赖恩一条关于比特币的消息。

几周前，弗雷德离开了森尼韦尔，在那里他一直与大学的老朋友待在一起，而现在他住在旧金山。遇到布赖恩，弗雷德感觉就像是在 Tinder（约会软件）上遇见了少有的一见钟情对象。"直觉告诉我对路了。我只是感觉很兴奋。"弗雷德回忆道。这家名为币基的新兴公司给他的感觉就像是他从未玩过的电子游戏一样，但这是真实的。

这两个 20 多岁的男人惺惺相惜。布赖恩在与本的创业"婚姻"开始前临阵退缩了，这次他已经准备好迅速投入其中，而弗雷德则找到了一个联合创始人、一个朋友和一个狂热的同伴。他们一起通宵达旦地敲击键盘，经常每天工作 16 个小时，因为他们要努力编译代码，从而使人们能做以前没能做到的事情：只需提供一个银行账号就能便捷地获得比特币。无须海外电汇，无须令人生畏的数学字符串，只需一个像网上银行一样的基础网站。

自布赖恩在 Y Combinator 登台以来，将近 4 个月过去了。2012 年 11 月，是时候看看币基是不是来真的了，也是时候推出一项能够一键买卖比特币的功能了。这一功能上线时，布赖恩和弗雷德不安地挤在笔记本电脑前，旧金山的薄雾飘荡在窗外。

* * *

成功了！

少量客户在网站上下单。几周后，客户蜂拥而至。到处都在谈论这种便捷购买比特币的新方式。订单量增加了，两人的工作量也增加了，布赖恩和弗雷德得努力维持网站的正常运行。

两人面临的第一个危机是某次软件弄错了客户的比特币

余额。对币基而言，一切都很好——比特币就在那里，但对于一些客户来说，看起来他们的比特币好像已经被抹掉了。最开始币基简略的客户服务门户闪烁着数十个请求，然后是数百个，然后是 2 000 多个来自惊慌失措的客户的疯狂请求。

"我的比特币到底去哪儿了？""这是诈骗吗？""把钱还给我！"焦虑、侮辱和谩骂的话语不断倾泻而来。对于任何一个脆弱的初创公司来说，这都是一个危急时刻，何况币基是在一个充满不信任的行业中，其声誉就更加脆弱了。布赖恩和弗雷德夜以继日地工作，轮流在地板上睡觉，清醒的那个人则负责处理一系列的客户要求并修复错误。

最后，经过一个又一个小时面面俱到的编码，怒火被扑灭了，网站被修复了，币基的信誉得以恢复。布赖恩一如既往地保持沉着冷静，转身开始看科技新闻。弗雷德为了省钱没有预约优步，而是跌跌撞撞地走回了旧金山臭名昭著的田德隆区，那里的街道上到处都是碎玻璃，不时传来瘾君子的尖叫声。弗雷德穿过街道，对这一切不以为意。有一次，他跟在一个盲人后面拖着脚步走了两个街区，那个盲人可怜地在令人难受的人行道上蹒跚前行。

终于，弗雷德摸到了他的床。屋外的人仍然在喧闹。

第二章

———。 非法货币

凯蒂·豪恩在新的犯罪案卷上输入字母 F–N–U L–N–U，意思是"姓名未知"（first name unknown, last name unknown）。这是联邦检察官用于表示尚未查明的嫌疑人的简写代号。

　　豪恩很高兴有机会来追踪这位"姓名未知"的嫌疑人，无论这个人到底是谁。

　　豪恩是一个充满活力的金发女郎，于 2009 年来到旧金山，成为法律界的佼佼者。她曾在最高法院担任安东尼·肯尼迪大法官的书记员。那份工作是跳板，之后她可以找到自己喜欢的任何高薪工作，但后来她却选择为美国联邦调查局工作。3 年来，她的工作一直围绕着加利福尼亚州北部地区那些粗暴的败类展开，她带着极大的热情起诉黑帮老大，以及残酷谋杀对手的机车党。她将他们送上审判席，投进监狱。这份工作很有趣，但她已经准备好尝试一些新工作，一些不那么血腥的工作。

这个"姓名未知"的人物正好符合豪恩的要求。目前许多细节还未完善——豪恩的上司能告诉她的是，此案涉及计算机和大量非法活动。"我的上司进来说：'你想如何起诉这种叫作比特币的新玩意儿？'当时我从未听说过比特币。"豪恩回忆道。

尽管如此，她还是立即答应了。

· · ·

起诉一种货币的想法似乎很荒谬，审判比特币就好比审判 100 美元。然而，对于 2012 年的检察官来说，虽然不清楚比特币是什么，但清楚围绕比特币发生了什么，这听起来也有道理。从洗钱到毒品销售，再到勒索，数字货币一直在一系列犯罪活动中不断出现。许多执法人员将货币与犯罪联系在一起。一些出售毒品的人肯定也参与过。

不过，豪恩很快就发现其嫌疑人不是黑帮老大或暴力分子，而是一种激进的新技术。因此，在对比特币产生兴趣后，豪恩就像大多数人一样开始阅读相关内容。

这个比特币新手很快发现，研究比特币就好像是掉进了兔子洞，因为需要花几百个小时去了解"哈希率"和"共识机制"这类话题的来龙去脉。但是豪恩不需要掌握全部知识，只需要了解基本概念。最基本的一点是，她意识到比特币是一个计算机程序，而且是一个非常聪明的程序，任何人都可以在家用笔记本电脑上下载并运行它。但就其本身而言，这个程序并没有那么令人神往，甚至用处不大。比特币的聪明之处或者说神奇之处在于，它能在全球几千台计算机上运行。所有这些计算机一起创造了一个交易的永久分类账簿，显示谁在交易由这种程序创建的数字货币。总的来说，这些计算机是簿记员，从不休息，并记录了有史以来每笔比特币的交易。即使是 2010 年交易的比特币，也被记录在账簿上，供所有人查看。今天支付的比特币的百万分之一——是的，这完全有可能——将在几分钟内出现在分类账簿上，并且永远留存。记录不会被删除，每个人都能看到记录。比特币还使用了奇特的数学方法来使每笔交易都不容置疑。也就是说，无论是在技术上还是法律上，比特币的交易都不会引发争议。

交易不是单独被记录的。相反，每隔 10 分钟左右，网络上的一台计算机就会收集一系列最新交易，并将其填充到被称为"区块"的计算机代码包中。每个新区块都指向它之前的区块，导致一系列交易被打包，并且人人可见，这被称为"区块链"。今天有许多区块链，这个术语可以指任何依赖于多台计算机来创建交易分类账簿的软件。然而，比特币区块链是第一个，也是最著名的区块链。

2009 年，第一个区块出现在比特币区块链上。当时比特币的创造者——中本聪把它添加于此。从那时起，世界各地的计算机在原有区块的基础上，增添了50多万个新的区块。2019年末，区块数量达到了60万个。像之前的区块一样，第60万个区块与第599 999个区块相连接，第60万个区块包含了比特币的交易列表。区块链不标注比特币持有者的名字，相反，它显示了每个比特币持有者的一长串相关字母和数字。区块链上的每个人都有这些数字和字母的组合，这个组合被称为"地址"。如果这听起来很熟悉，那是因为在讲到私钥的时候，字母和数字的组合概念就出现过，这是比特币持有者通过给定的地址获取比特币的方法。重要的是，计算机程序分配给每一个比特币所有者两个数字和字母的组合：一个是每个人在分类账簿上看到的地址，另一个是获取比特币所需的私钥。

布赖恩创建币基，目的就是消除复杂的地址和私钥，让人们用类似于在线银行的方式获取比特币。在拇指驱动器和特殊软件钱包上存储私钥对技术人员来说是没问题的，不过，其他大多数人都觉得很麻烦，他们喜欢求助于技术中间人——币基。

然而，币基仍然使用区块链。代表客户买卖比特币时，币基会产生交易，打包成区块，并像其他任何交易一样添加到不断增长的分类账簿中。但是，除非你知道币基用于交易的地址，否则将很难知道该公司是否参与其中。这就是比特币的问题：即使区块链是公开的，每个人都可以看到，但除非所有者将地址标识为自己的地址，否则其他人就不会知道比特币的特定藏匿处属于谁。区块链可能会显示价值100万美元的比特币所处的地址，该地址可能属于某个硅谷大人物或俄罗斯寡头，抑或某个韩国大学生。如今，在某些情况下，许多区块链取证公司可以很好地猜出是谁控制了给定的比特币地址本身。然而，在许多其他情况下，尤其是当账户所有者掩盖了其踪迹时，我们则无法知道是谁的交易显示在分类账簿上。这就是比特币作为一种真正匿名货币的闪光之处，也有人说是危险之处。这也是为什么豪恩和其他执法人员认为比特币只能是秘密犯罪主谋的杰作。

尽管比特币具有技术上的优势，但还需要工程上的优势，这次是社交上的进一步完善。区块链分类账簿需要一个志愿者计算机分布式网络。为什么有人会不厌其烦地把他们的计算机借给这个全球记录保存系统呢？中本聪也想到了这个如何激励志愿者的问题。答案是，设计一个巧妙的彩票系统，将这个系统与比特币的核心相融合。这个系统可以邀请任何人参加比赛，选手通过解决一个数学问题来赢得比特币，而这个问题只能通过大量的试错过程来推导。比赛每10分钟左右进行一次，无论谁是第一个找到答案的人，他都会将答案广播给网络上的其他计算机。这样操作的话，这个人就将最新的区块——包含数学问题的答案和最新一批比特币交易的信息——添加到分类账簿中。如果答案正确，那么彩票系统的选手，或者说比特币世界的矿工，将继续解决下一个数学问题。比赛的赢家会得到与每个区块相连的一堆比特币。有人称这堆比特币为积分奖励，还有人称其为币库。

比特币的区块链和奖励系统是聪明的，甚至是巧妙的，但这并不能解释为什么比特币一开始就有价值。毕竟，比特币甚至都不是钱币，只不过是一堆看不见、摸不着的计算机代码。

但这没关系。比特币是一种货币，而货币建立在信任的基础上。重要的是，足够多的人认可比特币是有价值的，并会放弃一些其他有价值的东西来获得比特币。从这个意义上讲，比特币与人们在历史上使用的任何其他货币都没有什么区别，如贝壳、黄金、银行或政府印刷的纸钞。目前，数千万人相信比特币是有价值的，并将支付数千美元来拥有一个比特币。

然而一开始，比特币就像怀疑论者所说的那样，一文不值。好吧，几乎一文不值。2010 年伊始，少数在线交易所以几美分的价格出售了几十个比特币。与通过解决数学问题来获得比特币相比，这些交易所提供了一种获取比特币的更简单的方法。但是，对于当时大多数人来说，用美元购买比特币就像是用奶牛换魔豆一样。比特币是一种虚拟货币，只有傻瓜和狂热分子才喜欢。

但是，2010 年 5 月 22 日，比特币在字面意义上变成了货币。佛罗里达州一个名叫拉斯洛·豪涅茨的男子试图向人们展示比特币在现实世界中可能有价值。他在线上论坛中发布了一个提议："我将支付 1 万个比特币买几个比萨……也许是两个大的比萨，还能剩下一些第二天吃。"一个英国人接受了这一提议，他收到了 1 万个比特币——当时价值约 35 美元——并将两个棒约翰比萨送到了拉斯洛的住处。于是，比特币换比萨的交易在世界各地的科技媒体上都成了新闻，而宣传浪潮帮助比特币价格飙升。如果拉斯洛是在 2011 年，也就是一年后完成交易的话，1 万个比特币能为他购买数百个比萨；而如果是 10 年后，1 万个比特币将可以购买数十个棒约翰连锁店。不过，当时拉斯洛只是想证明自己的一个观点——他做到了。从那以后，他成了一个小有名气的人，人们每年都会庆祝比特币比萨日。自从拉斯洛用比特币购买比萨以来，比特币的价值就不断飙升。9 年之后，拉斯洛坐在哥伦比亚广播公司《60 分钟》节目的嘉宾席上，主持人安德森·库珀问当时他花掉 1 万个比特币买两个比萨是什么感觉，那期节目录制时 1 万个比特币的价值已经逼近 8 000 万美元。"我认为，如果这么想就不好了。"拉斯洛在镜头面前有些结巴，然后他又补充道，能够成为比特币官方庆祝日的英雄，他感到很开心。

2012 年，布赖恩创立币基时，一个比特币不再只值几美分，而是值几美元。现在，世界上有数百万人知道比特币是什么，以及如何使用比特币。然而，包括美国助理检察官凯蒂·豪恩和其上司在内的人仍然不知道谁是比特币的幕后主脑。他们只找到那 9 页纸的白皮书，上面写着奇怪的笔名：中本聪。

中本聪又是谁？在大多数比特币信徒中，这是一个禁忌话题，他们不喜欢讨论这个话题。这是精心设计的结果。正如保罗·维格纳和迈克尔·凯西在《加密货币时代》中所解释的那样，比特币既是一种技术，也是一种信仰。就像每一种虔诚的信仰，其起源故事都被神秘色彩所包围一样，比特币信徒不会轻易透露中本聪的真实身份。信仰不需要解释。

尽管如此，依然有足够的证据表明白皮书的作者到底是谁。这些证据指向一位名叫尼克·萨博的美国博学家。

萨博是一名律师和老练的"码农"，与一个名叫"加密朋克"（cypherpunks）的在线社区有着深厚联系，该社区花了多年时间尝试开发数字货币。从萨博的推特和他少数几次的公开露面中可以看出，这个社区的成员痴迷于密码学，对政府则非常不信任。虽然还有与比特币成立初期密切相关的加密朋克社区的其他人，尤其是已故程序员哈尔·芬尼，但一些重要线索表明，萨博就是白皮书的作者。这些线索包括《纽约时报》记者和《数字黄金》作者纳撒尼尔·波普尔报道的趣闻，这些趣闻说明萨博是比特币早期发展的中心人物。此外，语言学家还将白皮书和中本聪的电子邮件与萨博、芬尼和其他人的写作样本进行了比较，萨博的匹配度最高。中本聪（Satoshi Nakamoto）姓名的首字母（SN）和尼克·萨博（Nick Szabo）姓名的首字母（NS），顺序恰好相反。当然，这也可能是巧合，所有这些都可能是巧合。但是，如果你认同被称为"奥卡姆剃刀"的哲学原则，认为简单的解决方案比复杂的解决方案更有可能是正确的，那么接受萨博是作者比坚持认为作者是其他人或这是无法解开的谜团更有意义。实际上，大多数比特币长期持有者都会在一对一的对话中悄悄地承认，他们也同意萨博就是中本聪，只是别要求他们公开这样承认罢了。

如今，萨博到底是不是中本聪并不重要了。比特币已经进化，超过了纸币，持有人也越来越多。加密货币及其支柱区块链在全球成千上万台计算机上运行，任何军队或政府都无法摆脱它，除非关闭互联网。

即使在 2012 年也是如此，就像挤出来的牙膏一样，再也挤不回去了。当豪恩的上司要求她调查这位"姓名未知"的嫌疑人时，关闭比特币交易的机会就已经消失了。两年前，在比特币首次开始流通时，或许可以通过围捕早期用户并扣押其计算机来阻止它。也许吧。但是那扇窗户早就关上了。豪恩了解得越多，对比特币提起刑事诉讼的想法对她来说就越没有意义。"就像起诉现金一样，这不是你能做到的。"豪恩回忆道。

她是对的。2012 年，比特币已经形成了一个成熟的市场。在 2010 年用比特币购买棒约翰的比萨可能是一件新鲜事，但现在越来越多的商人直接接受用比特币付款，有些人甚至渴望依靠比特币生活。

· · ·

奥拉夫·卡尔森－维是一个瘦瘦的金发男孩，长得像电影《指环王》中的精灵——如果精灵会在滑板公园周围闲逛的话。十几岁的时候，奥拉夫确实遵循自己的梦想，对做梦非常感兴趣。他研究了神经学，以了解做梦的原因。通过练习并阅读卡洛斯·卡斯塔尼达等作者的作品，他对做梦提出了一些深刻而生动的疑问。奥拉夫甚至声称他在睡觉时学会了运用神奇的力量。"在清醒梦中，找到一面镜子。如果你擅长做清醒梦，你就可以用镜子召唤东西。如果你离镜子太近以至于失去了周边视觉，那么你可以召唤你自己。"他说。

奥拉夫与镜子里的另一个奥拉夫面对面，他说他会提出问题，他可以控制问题，但不能控制答案，镜子里的另一个奥拉夫会提供答案。这些答案是从他内心深处的某个地方召唤出来的，并在梦中释放，这常常使他感到恐惧。毫不奇怪，奥拉夫的老家明尼苏达州的高中的另外 800 名学生因此将他评为"最独特的学生"。

奥拉夫在 2011 年发现了比特币，就像他关心的其他事情一样，他不仅喜欢它，而且痴迷于它。奥拉夫的父母都是路德会的牧师，奥拉夫从小就按照自己的良知生活，探索正义的意义。后来，在"大衰退"的金融风暴期间，包括他父母在内的数百万普通人来之不易的积蓄被洗劫一空，而本该担负责任的银行高管却得到了奖金，这让奥拉夫认为比特币才是无法操纵的经济体系。

"这是终极的赛博朋克专制主义。"他回忆道。他将自己几乎全部的积蓄——700 美元都投入比特币，并敦促朋友们也这样做。

在纽约州北部瓦萨学院的最后一年，就在布赖恩离开爱彼迎前往 Y Combinator，而凯蒂·豪恩的上司要求她起诉这位"姓名未知"的嫌疑人之前，奥拉夫选择比特币作为其论文题目。奥拉夫的教授起初感到困惑，然后在阅读了《比特币的兴衰》（一篇在 2011 年 11 月发表在《连线》杂志上的文章）后，试图劝阻奥拉夫。这篇文章得出的结论是，在市场崩溃的情况下，新兴货币是一种失败，其价格从 31 美元跌至 2 美元。

"换个题目吧。"教授说。比特币信徒奥拉夫拒绝了。他更深入地研究，并提出了一个全面的经济理由，说明为什么数字货币会改变世界。教授给了他一个 A+。（奥拉夫 2012 年提交论文时，比特币的价格已微升至 10 美元，这可能对评分没什么影响。）

在这段时间里，奥拉夫一直在购买比特币。在拥有3万人口的纽约州波基普西市，这不是一件容易的事。有时这意味着在校园里遇到一个出售比特币换取现金的人。通常，奥拉夫不得不采取更加奇异的措施，例如将存款存入某个不为人知的需要在线操作的账户中。这需要走进一家当地银行，存入一个非常具体的金额，比如103.83美元，以这个数字作为代码，告诉运营商哪个比特币地址属于奥拉夫。如果一切顺利，除去支付的严格的交易费，剩下相应数量的比特币将显示在奥拉夫的账户中。如果进展不顺利，奥拉夫将遭受损失，不会收到任何比特币。也许他支付的网站被黑客入侵了，所有比特币都消失了，或者网站所有者有可能设计一个退出骗局——声称他们被黑客入侵了，然后卷款消失在茫茫互联网中。

"那个时候很艰难，"奥拉夫回忆道，"获得比特币是一件很难的事情。那些日子，一切都被黑客入侵了，一切都是骗局。有一个名为'我的比特币'的网站可以购买比特币，那个网站的名字就是一个笑话，因为网站所有者将比特币视为'我的比特币，而不是你的比特币'。"

对于像奥拉夫这样的比特币信徒来说，币基的出现简直是天赐之物。终于，有一个网站承诺让比特币容易获得，并努力让前景光明。该公司的总部位于加利福尼亚州，而不是海外，用户可以看到是谁在经营它——一个叫布赖恩·阿姆斯特朗的人，用户可以在谷歌上搜索此人，他会谈论合规性和监管之类的事情。对于那些帮助比特币获得吸引力的反政府狂热分子来说，这些都是肮脏的话，但对奥拉夫来说，它们听起来很棒。像布赖恩一样，奥拉夫认为他心爱的货币在主流中流行的唯一方法就是，普通人能得到它而不会被骗。奥拉夫说："关于币基，大家经常听到同样的嘲讽：'不是你的密钥，不是你的比特币。'"这句话出现在 Reddit 关于比特币的帖子上，提醒人们他们正在信任一家公司来管理他们的数字黄金储备，以及这是中本聪教派中的异端邪说。

因此，即使币基向数百万名非技术人员介绍了加密货币，但比特币的许多早期拥护者都谴责了该公司。其中包括激进的自由主义者埃里克·沃里斯，他曾谴责美联储有"欺诈性"，还有罗杰·维尔，他是一个耀眼的人物，被称为"比特币耶稣"，因为他在说服别人相信比特币的同时会赠送比特币。2014 年，维尔放弃了美国国籍，因为他相信边界开放。（至少他是这样解释的，但怀疑论者认为，维尔这样做更多是为了避税。）无论他们的真实意图如何，像沃里斯和维尔这样的人物都是早期比特币的公众面孔，是激发他人使用该货币的信徒。他们代表了一种世界观，认为币基背叛了中本聪的愿景。

有些人将沃里斯和维尔视为圣人。奥拉夫只是觉得他们疯了。他认为，币基并没有背叛比特币，它只是为人们提供了一种获取比特币的方法。一旦获得了比特币，他们就可以转移其加密财富到自己的软件钱包、硬盘驱动器或 USB（通用串行总线）驱动器中，这由他们自己决定。对于拥有一般技术头脑的人来说，币基和管理自己的比特币之间的区别就是，一个像是学习驾驶自动挡的丰田卡罗拉，另一个像是驾驶有十个前进挡和两个倒挡的手动挡 18 轮卡车。丰田卡罗拉可能开起来很无聊，但任何人都可以驾驶它。

奥拉夫接纳了币基，也希望币基接纳他，他想加入这个公司，但因为他以前从未申请过真正的工作，所以能否加入是一个问题。大学毕业后，他花了整整几个月的时间在加利福尼亚州的内华达山脉四处游荡，最后在华盛顿州霍尔登镇的哨所里当伐木工人。霍尔登镇曾是一个荒废的铜矿开采小镇，被 20 世纪 60 年代的嬉皮士改造为路德会复兴中心，并为愿意在那里工作的人提供一日三餐和一个蒙古包。除了与比特币相距遥远之外，那里很适合奥拉夫。

尽管缺乏简历或任何其他资质，但奥拉夫还是申请加入币基。他给弗雷德·埃尔扎姆发了一封电子邮件，并附上他的论文。他还提到自己的论文成绩是 A+。弗雷德马上就回信了，于是奥拉夫进行了第一次工作面试。

这意味着几周后他就要出现在旧金山的币基办公室了。奥拉夫在旧金山有一些朋友，他们愿意让他留宿睡沙发，但面试穿什么衣服是个问题，奥拉夫的身上仍然布满了伐木工人的味道。在朋友的敦促下，奥拉夫去了优衣库，买了一件干净的白衬衫，拿掉外包装，穿上新衣服，然后在布鲁索姆街咖啡店的对面按下公司的门铃。

当时，布赖恩和弗雷德要求求职者做两个15分钟的演讲，一个是让他们描述对币基的愿景，另一个是教别人一些他们原本不知道的东西。弗雷德还喜欢加入一个逻辑难题，就像谷歌早期使用的难题一样，来测试潜在员工的分析能力。

他们给奥拉夫出了这样一道题目："有100个排成一排的储物柜，门都关着。第一个孩子经过，打开了所有储物柜。第二个孩子经过，每隔一个关上一个储物柜。第三个孩子经过，每隔两个储物柜，如果第三个是关着的，就打开这个储物柜，如果第三个是开着的，就关上这个储物柜。第四个孩子也一样，每隔三个储物柜，改变第四个储物柜的状态。100个孩子经过后，有多少个储物柜是开着的？"

哦，真糟糕，奥拉夫想。弗雷德给了他几分钟时间，但是奥拉夫知道要解答这道题目，花的时间远远不止几分钟。必须有一个技巧。社会学专业出身的奥拉夫也喜欢数学，他意识到储物柜问题是关于完美平方的问题——答案可能跟25或64，或者其他的平方数有关……100个储物柜。他告诉弗雷德答案：10个储物柜。第一关通过了。

在演讲中，奥拉夫草拟了一个计划，以解决币基公共关系的失控状况，因为布赖恩和弗雷德跟不上业务量，所以他们喜欢奥拉夫的计划。在另一个演讲中，奥拉夫要教别人一些他们原本不知道的东西。于是，除了比特币之外，奥拉夫提到了他最喜欢的话题：做梦。他解释了为什么摄入某些非处方药（比如缬草）后会诱发清醒梦，并讲了他读过的所有神经学书籍中的相关细节。布赖恩和弗雷德发现，奥拉夫关于梦的演讲很怪异，但也很有趣。布赖恩和弗雷德学到了一些东西。

奥拉夫曾是币基的第三十位客户，现在他是币基聘用的第一号员工。这位漂泊的伐木工人现在有了一份办公室工作，朋友告诉他，这意味着他必须像个办公人员。第二天，奥拉夫穿着他那件白色的优衣库衬衫来上班，接下来的两周都是同样的穿着。

在旧金山，奥拉夫发现比特币信徒的数量在增加，这些商人已经开始接受用比特币来付款了。他现在离霍尔登镇很远，令他高兴的是，他发现自己可以用这种有魔力的钱来支付餐费、饮料和其他日常必需品。在旧金山用比特币买不到的东西，他都可以从支持用加密货币付款的网站在线获得。很快，奥拉夫决定，他不仅可以靠比特币生活，他以后也将靠比特币活下去。在接下来的 3 年里，他就是这么做的。

· · ·

比特币不仅在旧金山有所突破，在美国各地的城市，以及像布拉格、东京和阿德莱德这样的城市，人们也聚集在一起参加"比特币聚会"，他们在购买、出售或有时只是赠送比特币的同时，都在谈论一个超越政府控制的世界。在纽约，每个星期一，联合广场的一个角落就变成了"中本聪广场"。这是一个奇怪的景象。留着脏辫的无政府主义者与抓着成堆的钞票又穿着价值 5 000 美元的西装的华尔街交易员，都在为比特币而疯狂。露天交易空间可以追溯到 200 多年前，当时流行的传说是，曼哈顿的男人最初是在梧桐树下交易股票的。

像奥拉夫一样，参加聚会的许多人使用比特币是为了好玩或者是追求某种理想。但不幸的是，他们远不是比特币的唯一使用者，有些人糟蹋了比特币的信誉——毒贩、洗钱者、杀手、勒索者以及各种可以想象到的骗子和人渣也在使用比特币。事实证明，中本聪的发明是罪犯的梦想：一种可以在任何地方支付给任何人的匿名货币。

2011 年，更多的人首次发现比特币的犯罪潜能。当时，臭名昭著的捆客网（Gawker）发表了一篇如今广为人知的文章，标题为《可以购买任何毒品的地下网站》。这篇文章描述了"丝绸之路"（Silk Road）——一个价值数百万美元的在线犯罪集市，由一个名叫"恐怖海盗罗伯茨"的阴暗人物经营。正如尼克·比尔顿对丝绸之路的描述那样，正是由于三个新技术的到来，《从英俊少年到终身监禁》（*American Kingpin*）这本书里描述的那个可怕海盗才能有所作为。第一个技术是名为 Tor 的网络浏览器，它可以让人们浏览诸如"丝绸之路"之类的"暗网"，并且不会被别人发现。第二个技术是廉价的新型云计算服务，这类服务的激增让任何人都可以廉价地运营大型网站。第三个技术就是比特币。在比特币出现之前，没有一种快速而简便的方法能让陌生人在互联网上相互支付非法交易费用，而现在开展这种交易相对简单。难怪像豪恩的上司那样的执法人员对比特币持悲观态度，并要求豪恩展开调查。豪恩很快意识到这位"姓名未知"的嫌疑人不是犯罪策划者，比特币本质上没有好坏之分，它就像另一种曾经新颖的技术：纸币。一叠 100 美元的钞票可以进行毒品交易或捐赠给孤儿院，比特币也一样，尽管它被认为是一种非法货币。

豪恩发现，随着对比特币的了解越多，她想知道的也就越多。她与美国联邦调查局、国家税务局和特勤局的特工进行了交谈，他们都告诉她比特币是如何在他们的案件中不断出现的。有人提到了币基，豪恩思量着要去拜访一下。没过多久，她就发现币基的人符合刻板印象。但这些人不是黑手党，也不是她起诉过的机车党，相反，她看到的是一群痴迷技术的书呆子。

她说："我有一种感觉，他们更像是传统的初创公司里的人，而不是试图犯罪的人。犯罪分子不会欢迎你前往他的办公室。"

第三章 —— 。穿过砖墙

弗雷德和布赖恩在市场街高楼里，看着太阳穿透雾沉沉的旧金山湾。在布鲁索姆街，币基没有像样的董事会会议室，他们借用了借贷俱乐部（LendingClub）的地盘。在借贷俱乐部豪华的总部将举办一场攸关币基成败的会议。

2013年4月——距离布赖恩作为"菜鸟"在Y Combinator展示还不到一年，距离他和弗雷德创办币基仅5个月——币基作为一家初创公司需要更多的资金。布赖恩和弗雷德倾尽所能，劝说风险投资者在A轮融资时拧开现金水阀，投资数百万美元，为币基加冕。这样一来，币基不仅可以扩大业务范围，而且能向硅谷证明，富有且颇具影响力的人认同布赖恩的愿景。然而，在看到参加宣讲会的客人之后，弗雷德的胃猛然一沉。联合广场风投公司（Union Square Ventures）的团队鱼贯而入，而弗雷德·威尔逊却没来。

"我们完蛋了。"弗雷德对布赖恩说。

弗雷德·威尔逊是联合广场风投公司的联合创始人。该公司是纽约风投公司中的佼佼者，与硅谷声誉卓著的风投公司分庭抗礼。威尔逊性情反复无常，精于算计，冷血，才华横溢。他还是推特董事会的成员。在进入推特董事会后，他就像一个残忍的木偶大师，火速"清洗"了足足两位首席执行官。众所周知，他脾气很坏，与媒体关系糟糕。威尔逊曾拒绝一家杂志的采访。被拒绝后，记者又联系威尔逊的同事。得知此事后，威尔逊警告记者："也许你该学学如何交友，省得惹人生厌。"

威尔逊很无情，的确是这样，但他也是新一代创业者的导师。与其他风险投资者不同，他很早就成了比特币的信徒。他相信，中本聪的杰作可以改变世界。唯一的领头羊既不是罗杰·维尔那种狂热分子，也不是凯蒂·豪恩从联邦调查局的同事那里听来的某个罪犯，只能是中本聪。在布赖恩和弗雷德身上，威尔逊看到了加密技术的公众形象：年轻、稳重、具备创业精神。

然而，在这个特殊的 5 月早晨，威尔逊卧病在床，待在纽约的家中。布赖恩和弗雷德只好向联合广场风投公司的其他合伙人推销自己，但他们都不如威尔逊热情。

"我们完蛋了。"弗雷德重复道。

宣讲时，有句话在布赖恩的脑海中回荡：如果联合广场风投公司拒绝出资，该怎么办？与 Y Combinator 的其他毕业生一样，布赖恩东拼西凑了 5 万美元，投入币基的种子轮融资。这只是一笔小钱，可以让新公司起步。Reddit 的联合创始人亚历克西斯·瓦尼安是投资者之一。几年后，瓦尼安会结婚，他的妻子——网球明星塞雷娜·威廉姆斯也将投资币基。布赖恩还劝动了企业家巴里·西尔伯特。17 岁时，西尔伯特就当上了股票经纪人。自 2012 年起，他着手大量购买比特币。后来，因为妻子强烈要求他进行多样化财富管理，所以他开始投资加密货币公司。

与币基接洽时，西尔伯特吓了一跳。布赖恩告诉他，他可以买入，但只能通过无上限可转换票据的形式买入。这样一来，西尔伯特就能得到币基 A 轮融资的股份。不过，这种安排存在巨大缺陷："无上限"的意思就是，竞争投资者不被限制，可以任意稀释西尔伯特的投资。通常来讲，只有最火的初创公司才有资本要求无上限票据。西尔伯特投资过数十家公司，却从未答应过这样的条款。

"如果你相信币基非常有可能成为排名第一的比特币钱包，那么估值几乎是无关紧要的事情。PayPal（在线支付平台）就是一个好例子。因为投资者都很富有，所以投资排名第二的钱包的投资者将一无所获。"在给西尔伯特的邮件中，布赖恩这样写道。这封邮件的言辞很自大，不过，它逗乐了西尔伯特，给他留下了深刻印象，于是他接受了这个冒险。他决定用价值 10 万美元的比特币投资币基。

凭借瓦尼安、西尔伯特等人的投资，币基得以成立并运转，但这还远远不够。要是想让币基扩大规模、入驻硅谷、成为巨人，布赖恩和弗雷德就需要风投公司的帮助，筹集数百万美元。币基要证明，自身的发展呈"正增长"，只有这样才能让资金滚滚而来。对于风险投资者而言，"正增长"是一句近乎神圣的祈祷词。正增长意味着，每个月初创公司的用户和收入都在增加，公司能够在幻灯片上画出一条漂亮的向上的对角线。

2012 年以来，币基的曲线一直是正增长。布赖恩和弗雷德带着漂亮的增长线，拜访了保罗·格雷厄姆三次。保罗·格雷厄姆是 Y Combinator 的联合创始人，也是教会他们筹款之道的宗师。前两次，格雷厄姆告诉弗雷德："孩子，你还没准备好。"第三次，格雷厄姆凝视着币基的表现（依旧呈正增长），祝福布赖恩和弗雷德 A 轮融资顺利，将两人引荐给了他认识的富豪。

币基得到了格雷厄姆的支持，拥有可观的增长数字，尽管如此，风投公司（通常来讲，它们多么热爱风险啊）依旧担惊受怕。大多数风投公司不了解比特币，那些了解比特币的风投公司因为嗅到了遭遇执法部门扼杀的必然性的气息也会望而却步。风投行业中，弗雷德·威尔逊是最大的例外。他劝说联合广场风投公司的合伙人前往旧金山，深入发掘币基的潜力。如果一切顺利，联合广场风投公司会投资 500 万美元。

　　而现在，在这个攸关生死的 5 月早晨，威尔逊请了病假。布赖恩和弗雷德别无他法，只得拼命说服威尔逊的同僚。这些人对比特币持怀疑态度，比如联合广场风投公司的创始人之一布拉德·伯纳姆，他是比特币的公开怀疑者。"我们完蛋了。"布赖恩又在心里说。

　　事实证明，只完蛋了一半。虽然威尔逊不在场，但布赖恩和弗雷德凭借出色的展示、整洁的外表、币基的正增长曲线说服了联合广场风投公司的团队，让他们决定以 250 万美元的价格买入币基的股份，另外的 250 万美元两人必须到别处筹措。

　　这时，币基的白衣骑士出现了。米奇·马尔卡是风投公司里布特资本（Ribbit Capital）的经营者，对比特币有深入的了解。马尔卡个子很高，有一双招风耳，头发剪得很短。他说着一口带有浓重拉丁口音的英语，这是由于他来自委内瑞拉。他目睹了腐败无能的委内瑞拉政府是如何造成货币贬值的。与多数比特币信徒一样，马尔卡视数字货币为引领经济自由的火炬，是像委内瑞拉毁灭性的领导者乌戈·查韦斯这样的独裁者无法扑灭的火炬。弗雷德说："马尔卡具备全球性货币视角，与同时代的投资者不同，在他看来，比特币不是异端。"

在马尔卡看来，押注币基就是押注比特币，令他无法拒绝。就这样，币基拿到了另外的 250 万美元，获得了完整的 A 轮融资资金。

最后，律师要对这笔交易做收尾工作。弗雷德记起有一位朋友曾对他许下诺言。这位朋友在高盛担任高级董事。他和弗雷德都对高盛在数字化方面的举棋不定感到失望。朋友告诉弗雷德，他愿意开一张 2.5 万美元的支票投资弗雷德的事业，不论他做什么。弗雷德打去电话，询问朋友那个诺言是否还有效，之后朋友就给了他 2.5 万美元。因此，在比特币蓬勃发展、高盛袖手旁观时，至少还有一名高管赚得盆满钵满。早期他花 2.5 万美元获得了币基的股份，几年后，这些股份变成了价值数百万美元的股票。

不过，并非所有人都看好币基的 A 轮融资。硅谷闲话（Valleywag）网站专门揭发名人丑事，这个网站如今已不复存在。那时，该网站的萨姆·比德尔将币基融资的新闻发布在网站上，取了个嘲笑性质的标题——《风投公司也癫了，给比特币砸了 500 万美元的真金白银》。他也对比特币本身嗤之以鼻，抱怨道："我们全都在谈论比特币，正是因为那群籍籍无名、无法理解的自由主义呆子对数字货币趋之若鹜。"

相比之下，美国的标志性商业报纸《华尔街日报》的评论要积极得多。《华尔街日报》在一篇长文中指出，币基获得 500 万美元的投资，是加密货币的里程碑时刻。文章引用了弗雷德·威尔逊激情澎湃的话语，他称赞币基为"比特币领域的摩根大通"。布赖恩和弗雷德互相击掌，再度投入工作中。

···

　　布赖恩在布鲁索姆街的咖啡店对面租用的房间，实际上是一套两层的一居室公寓，但在 A 轮融资之后，它变得像一间办公室了，但同时也成了一个比特币狂热分子的集中地。弗雷德在墙上贴了一张说唱歌手克里斯托弗·华莱士的标志性"Dream"（梦想）海报，但把海报上"Dream"中的"D"改为了"B"，就变成了"Bream"。这个单词是一个缩写，代表着"比特币统治我周围的一切"（Bitcoin Rules Everything Around Me）。房间的最佳位置摆放着一个由木头和玻璃制成的立方体，里面养着一条闪光蓝斗鱼，名为"中本聪"。

　　由公寓改装的这间办公室还容纳了很多人。继奥拉夫之后，克雷格·哈梅尔也加入进来成为币基的第二号员工，他是一位才华横溢的工程师，曾帮助建立约会网站 OkCupid，可以说，这个职业经历对他来讲很合适，他本人面对女性非常害羞，直到大学四年级才有了女朋友。布赖恩和弗雷德去纽约旅行时遇到了克雷格，发现他是一个比特币信徒，便邀请他来旧金山参加工作试用。来了之后，克雷格搬进了"黑客之家"（Hacker House），这个地方标榜自己是该市科技精英的住所，但在克雷格看来，这里根本就不是名副其实的热门公寓。

"我意识到，这种宣传就是为了骗人付钱，每月付 1 500 美元房租，结果就是和其他 9 个人共住一个寒酸的公寓。"克雷格回忆道。不久之后，房东发现了这里发生的事情，驱逐了包括克雷格在内的所有房客。之后几个月里，克雷格带着睡袋，住进了布鲁索姆街的房子。他编码到深夜，早起洗澡，然后再接着编码。用奥拉夫的话来形容克雷格，他就是"一个只喜欢运送货币的疯狂工作机器"。全天候围绕比特币的工作非常适合克雷格。同奥拉夫一样，克雷格的薪水也以比特币的形式支付，他也是币基的早期客户——客户编号是 80。

多年后，已经非常富有的奥拉夫将自己在币基的工作经验提炼成珍贵建议提供给初创公司，即"雇用你的客户"。在奥拉夫看来，即使其他数十家比特币初创公司都在蓬勃发展，币基也能脱颖而出，因为币基会雇用相信该公司并热爱比特币的人。这是一个好建议，不仅仅适用于加密公司。耐克的传奇创始人菲尔·奈特，正是靠着一小群虔诚的运动鞋用户奠定了其鞋业帝国的基础的。

不幸的是，对于布赖恩来讲，并不是所有客户都想在币基工作。有位客户名叫朱利安·朗舍德尔，居住在德国，是一位出色的程序员，他就礼貌地拒绝了币基的工作机会。几个月来，布赖恩付钱给他，让他帮忙将中本聪的原始比特币代码（专门为个人在家用笔记本电脑上运行而设计的代码）改写为足以满足币基商业用途的坚固代码。弗雷德和布赖恩说服了朱利安来旧金山参加工作试用。工作试用是币基企业文化的一部分，一般是进行为期几天的测试，以查看潜在员工是否合适。朱利安很适应这里的工作，但他个人有两个反对意见。一个是美国人的工作量太大，他更希望工作之余能有闲暇时间喝喝啤酒。另一个是针对啤酒本身，说得更具体一点，就是他觉得美国人根本不知道该怎么喝啤酒。于是他回到了德国。

相比之下，币基招聘李启威时运气更好一些。李启威身材健硕、说话温和，留着一头乌黑的、棱角分明的头发。他利用自己在谷歌的"20%时间"（谷歌的一个著名福利，即员工可以将1/5的工作时间花在个人项目上）创造了比特币的早期替代品"莱特币"。李启威的整个人生都深受非凡数学才能的影响。在科特迪瓦上小学的第一天，一位老师发现一年级数学对李启威来说太容易了，于是让他升入了二年级。而二年级的老师也得出了同样结论。于是第二天，李启威走进了三年级的数学课堂。

"我是亚洲人，我本来就是一个体型偏小的孩子，但是走进那个三年级的班级后，我看起来比以往任何时候都还要小。"他回忆道。

随着年龄的增长，李启威尽显其才，十几岁时，他就与哥哥李启元一起建造计算机。后来，他在谷歌担任工程师，致力于构建 YouTube（视频网站）和谷歌网络浏览器 Chrome 的操作系统。李启威不仅将数学技能应用于工程学，还将其应用于经济学，成了"金虫"——古怪的投资者，他们认为黄金比股票或债券的价值更高。2011 年，发现比特币时，李启威正是一个"金虫"。

"这对我来说真的很有意义。我读了比特币的代码，发现它会大幅升值。2013 年，我决定全心投入。比特币是黄金的升级版。"李启威心意已决。2011 年，一场金融风暴席卷而来，李启威的第一笔比特币投资价值从 30 美元跌至 2 美元，但他连眼都没眨一下。在早期，这种崩盘有助于定义比特币汇率。到 2013 年，李启威将所有资金都投进了比特币，还敦促家人也这样做。李启威没费多大力气，就说服哥哥李启元建立了中国的第一个比特币交易所，他哥哥由此成为知名富翁。

然而，让普通人购买比特币是一项艰巨的任务。李启威赞同布赖恩的看法，认为对于非技术人员来说，烦琐的钱包和私钥太过可怕，如果没有币基之类的公司提供服务，比特币就无法成为主流。就这样，李启威成了币基的第三号员工。

布赖恩、弗雷德、奥拉夫、克雷格和李启威组成一个小团队，去了当地的攀岩健身馆，玩《使命召唤》等游戏，放松身心。弗雷德是美国游戏冠军，能同时与另外两个或三个团队成员对抗。由此，他们迅速发展出一种团队精神。然而，多数时候币基的员工工作起来都不要命。他们用军事行动般的紧迫性，对付建立初创公司的任务。他们夜以继日地编写网站代码，从早上直到晚上 10 点或 11 点。偶尔停下来，在白板上勾画宏伟的计划，然后回去编写更多代码。在早期，币基团队在弗雷德的领导下，创业激情高涨。弗雷德曾经是曲棍球和篮球明星运动员，具有激烈的竞争精神，他会大吼："穿过砖墙。"后来，这句话成为币基的真言咒语，现在还可以在币基的官网上找到。

有这样一堵砖墙出现了，名字叫苹果。有一位十几岁的比特币狂热者为币基开发了一个应用程序，为客户在苹果手机上买卖比特币提供了便捷途径。不幸的是，苹果不允许加密货币交易，禁止提供此类服务的应用程序在应用商店上架。然而，布赖恩想出了一个穿过砖墙的计划：币基使用一种名为"地理围栏"的技术，解除苹果应用商店的交易限制。然而，该技术只能在加利福尼亚州的丘珀蒂诺使用。这里是苹果总部所在地，是苹果工程师审查新应用程序的地方。这些工程师认为，币基的应用程序符合政策要求，因此，它留在了应用商店中。这样一来，美国各地币基的客户就都能在自己的苹果手机上交易比特币了。

这是一个巧妙的技巧，也是教科书式的案例，示范如何穿过砖墙。不幸的是，对于币基的员工来说，其他砖墙太过坚固，无法突破。尤其是两堵迫在眉睫的砖墙，不仅会阻碍币基的发展，还有可能将它彻底扼杀。第一堵墙是严重的黑客攻击，它已将许多加密初创公司夷为平地。第二堵墙是美国政府。币基差点被这两堵墙压垮。

· · ·

黑客攻击发生在2013年中期，当时，币基团队暂停工作，正在吃晚饭。弗雷德收到了一封奇怪的邮件。邮件通知，有人从币基的热钱包中提了款。

币基在热钱包里储存了数百万比特币，用于日常交易。弗雷德想，这一定是搞错了。币基牢牢保管着热钱包的密钥，其严密程度，就像银行防守金库，也像可口可乐保护自己的秘密配方，任何入侵者都无法靠近密钥。但接着，邮件发来了第二次提款通知。

"该死，咱们最好检查一下。"弗雷德对李启威说。晚餐时，李启威将笔记本电脑带在手边。

李启威登录了币基的控制屏，查看情况后，心一沉。有人已经登进了币基的账户，正在窃取比特币。更糟的是，入侵者越来越大胆，越来越贪婪。最初，黑客只窃取了几个比特币，但现在，他正在洗劫币基的钱包。第三次被非法提款后，李启威手忙脚乱地更改了钱包的密码，关闭了访问权限，除他之外，谁也无权登录了。不过，在此之前，那个神秘强盗已经掠走了一大笔比特币。币基团队沮丧地吃完了晚饭。相比于晚饭开始前，他们的初创公司缩水了 25 万美元。

很快，团队弄清楚了来龙去脉：黑客袭击了币基的一家 IT 承包商，窃取了密码。在网络安全领域，通过外部供应商入侵目标公司的网络是一个很常见的把戏。在黑客眼里，外部供应商是公司的软肋。布赖恩下令进行彻底的安全检查，要求所有合作公司使用币基提供的 Chromebook 笔记本电脑。他还评估了已造成的后果。

毋庸置疑，这次抢劫给币基带来了经济打击。如果被别人发现这件事，会对币基的声誉构成威胁，关乎公司存亡。在早期，比特币欣欣向荣，黑客和诈骗也无处不在。布赖恩标榜比特币为"安全、可靠的替代品"，客户可以安心存放资金，就像在一家大银行存钱一样。如果新闻头条大肆宣扬币基无法保护自己的资产，就可能摧毁这家公司。把客户的钱弄丢了的银行活不了多久。万幸，没人把遭遇黑客攻击这件事泄露出去。布赖恩及其团队又做回了他们擅长的事情：拼命工作，弥补损失。

尽管如此，这起抢劫事件仍使团队焦虑不安。黑客进入了币基的热钱包，该钱包与互联网相连，但该公司还有数百万比特币藏在"冷库"中。"冷库"这一词语常被加密人士用来指代诸如 USB 密钥或是纸片等用于存储比特币的物理设备。这些技术意味着，特定比特币钱包的所有重要私钥都不存储在互联网上，以防黑客窃取。"冷库"的吸引力显而易见，意味着离线存储私钥的市场正在扩大。一家名为 Xapo 的比特币安全存储服务公司甚至提供了一项服务——将客户的私钥存储在瑞士阿尔卑斯山下的金库中。

币基自己的"冷库"却并没有那么引人注目。例如，早期，大量客户的比特币都存储于放在布赖恩口袋里的 USB 驱动器上。这引发了某些令人不安的时刻，尤其是当布赖恩结束海外旅行后抵达美国海关时。当海关代理人问他"是否携带超过 1 万美元的现金或现金等价物进入美国"这一标准问题时，布赖恩决然地给出了否定答案。千万不能告诉海关代理人他钥匙圈上的 USB 驱动器里装有数百万美元的比特币。

随着币基发展壮大，它迅速为其"冷库"增加了其他技术，包括多城市系统，其中私钥被分成不同的部分并分散在美国各地。与哈利·波特系列中的魂器类似，该系统依靠不同的人找到并重新组装各个碎片，以重新创建用于保存比特币的私钥。这是保护币基储备物资的一个明智之举，但在公司热钱包受到黑客入侵后，布赖恩和其他人不再那么有信心了。

作为回应，公司聘请了备受尊敬的比特币学者安德烈亚斯·安东诺普洛斯对其"冷库"供应进行审计。安东诺普洛斯使用一系列随机样本，测试了散布在美国各地的私钥是否真的解锁了他们本应持有的比特币供应。看到安东诺普洛斯的审计结果变得明晰后，布赖恩松了一口气。

然而，实施打劫的黑客只是币基所面临的一种犯罪分子而已。欺诈者是更为常见的犯罪分子，他们使用欺骗而不是黑客入侵的方式来窃取比特币。常见的骗局是，这些骗子从互联网上的可疑站点购买被盗的银行账户凭据，注册成为币基的客户。然后，他们使用非法取得的银行账户资金购买比特币，并期望在银行或币基弄清真相之前将比特币迅速转移到另一个钱包。对于币基来说，这样的骗局简直是双重灾难——不仅使公司蒙受比特币的损失，而且银行还会收回币基收到的资金来弥补受害者的损失。这种骗局的花招包括，骗子在其银行账户没有任何资金可交付币基的情况下仍然购买比特币。一开始，币基让客户等待3天，再交付其购买的比特币，以便有时间能够在银行系统证实客户是否确实有购买比特币的必要资金。但布赖恩认为，只要向客户提供当天一小时内交付比特币的服务，币基就有机会提升业务水平。尽管克雷格和奥拉夫都警告说该计划将使骗子大发不义之财，但布赖恩还是义无反顾地推行了。这是一个严重的错误。不到一天时间，币基就意识到推行当天交付服务是一场惨败，因为公司整整10%的交易都是欺诈性的，这使公司遭受了现金和比特币的损失。该团队苦笑着将这个问题称为"友好欺诈"。

币基还必须努力应对一个令人不安的事实，即一些客户将币基视为有一系列犯罪行为的个人洗钱代理公司。其中包括勒索软件运营商，他们锁定公司、城市和学校的电脑，只有在受害者以比特币支付赎金后才将电脑解锁。一旦骗子拿到赎金，像币基这样的网站就为将这些比特币转化为美元提供了一个绝佳场所。

币基并非第一家不小心进行洗钱代理的公司。勒索者和毒贩长期以来一直是使用西联汇款甚至苹果公司礼品卡等汇款服务来转移其不义之财的。但是与西联汇款和苹果不同，币基并没有数十年的良好商誉。更糟糕的是，它以比特币交易，这已经是一个危险信号。如果犯罪分子使用币基网站猖獗洗钱，那么监管机构会立即将其关闭。

奥拉夫面对成千上万张纷至沓来的客服工单，他竭尽全力压制那些像蟑螂一样从一个币基账户爬到另一个账户的骗子。如果发现类似的洗钱活动，他会阻止违规客户的交易，并向美国财政部提交一份名为《可疑活动报告》的文件，这一过程后来被他描述为"遮住你的屁股"（逃避责任）。

该流程执行了一段时间，使币基受到执法界的青睐，即使只是勉强。这种情况弗雷德·威尔逊见得多了。这位反复多变的公司投资人警告布赖恩和弗雷德，穿过砖墙固然很好，但如果涉及美国特勤局和金融犯罪执法网络等联邦监管机构就不是什么好事了。无论创始人是否愿意，币基都需要设立合规官进行有效监督。

因此，2013年秋季，马蒂娜·涅加德里克加入了币基，成为公司的第四号员工。马蒂娜是纽约人，留着一头鬈发，性格坦率，是包括PayPal在内的早期金融初创公司的资深人士，帮助开发了著名的FICO（个人信用评级法）评分。除了这些工作经历之外，她还使币基以兄弟为中心的文化第一次呈现多样性：她是公司的第一位女性，第一位为人父母的人，也是第一位40多岁的人。弗雷德·威尔逊亲自说服她加入币基，强调比特币初创公司正以火箭般的速度发展，需要马蒂娜维持稳定。

· · ·

亚当·怀特虽然从未坐过火箭飞船，但却坐过很多次战斗机。这位曾经的美国空军指挥官驾驶F-16战斗机在伊拉克和阿富汗执行了数十次任务，尽管举止温和，但他做任何工作都带着永不满足的野心。收到哈佛商学院的第一封拒绝信后，他在空军服役期间将睡眠时间缩短到每晚四个小时，以便准备已经修改了72次的第二份申请。

这次他成功了。他进入了哈佛大学，但作为早期的比特币信仰者，他沮丧地发现著名商学院的领导竟然没人有时间教授加密货币。"它应该是资本主义的西点军校，所以我觉得奇怪的是，私人货币制度的想法竟不被欢迎。我曾试着写一篇关于比特币的经济学论文，但教授让我别写。"他回忆道。

　　毕业后，亚当走上了商学院毕业生通常会走的职业道路，他在贝恩公司工作过，然后在一家电子游戏公司担任产品经理，但他心中对比特币的那股狂热一直在燃烧。

　　他出现在币基时，弗雷德和布赖恩一如既往地用精心设计的逻辑谜题考查他的能力。该问题涉及困在岛上的人，他们只有根据绿眼大师的线索猜出自己眼睛的颜色后才能离开。亚当意识到解答该问题需要运用演绎推理，于是用该方法解决了这个问题，这让币基的创始人邀请他参加工作试用——工资完全用比特币支付，他的工作内容是说服当地商户签约接受比特币支付。由于数字货币在现实世界中还没有站稳脚跟，所以这是一项艰巨的任务，但亚当毫不畏惧。弗雷德·埃尔扎姆"穿过砖墙"的劝告在他耳边响起，于是他发送了300封冷邮件（未事先联系就发送给收件人的邮件），并用电子表格跟踪回复率。这个办法十分奏效。工作试用结束时，亚当就说服了一家航空公司、一家冷冻酸奶店和一个社交媒体网站，将其支付系统接入币基并接受比特币支付。

　　"你被录用了。"弗雷德告诉亚当，并让他放轻松，继续签下更多商户。在这份工作中，亚当成长很快，在一年内为币基签约了10家价值高达10亿美元的公司。他很享受这种工作狂文化。"币基等级森严，就像军队一样，"亚当回忆道，

"我崇拜弗雷德这样的领导。他既是精英软件开发人员，也是高盛交易员。"

2013 年 10 月，亚当的到来恰逢币基新客户激增之际，该公司的环比数据一直保持在正增长的神奇轨迹上。同时，随着主流媒体开始严肃报道中本聪创造比特币的故事，比特币相关新闻的传播范围已经远超旧金山的科技走廊。这在很大程度上与比特币的价格有关，2013 年夏天，一个比特币的价格突破 100 美元，并且还在不断攀升。但这也与一些新奇事物有关，例如比特币自动取款机出现在咖啡店里，还有越来越多的艺术品和商品告诉人们，一个城市新部落诞生了。

投资比特币的热度不断升温，布鲁索姆街上币基这间由公寓改成的办公室灯火通明，比特币朝圣者源源不断地涌入。其中有人将成为加密圈中的著名人物。风险投资家马克·安德森来了，哈佛赛艇运动员泰勒·温克勒沃斯和卡梅伦·温克勒沃斯也来了，这两位运动员从马克·扎克伯格那里获得了一大笔关于脸书成立的法律和解费，并将其投入比特币财富。一位很有远见、名叫巴拉吉·斯里尼瓦桑的加密狂热分子也来了。克雷格和其他人都认为巴拉吉看上去像毒品贩子，也像穿着破旧耐克鞋和染色运动裤的街头混混，但他们随后都惊呆了。巴拉吉也许看起来像一个流浪汉，但他的言论听起来却让他像一位常春藤盟校的教授，他即兴发表了一场关于政治经济学家阿尔伯特·赫希曼作品的演讲。一位名叫维塔利克·布特林的瘦骨嶙峋的少年，也在币基办公室闲逛了几天。他不久之后就发明了比特币之后最重要的加密货币。

并非所有去布鲁索姆街的游客都如此受欢迎。有几次，愤怒的客户出现在币基门口，要求公司解释他们账户出现的问题。奥拉夫或克雷格会尽最大努力向客户保证其比特币是安全的，并将他们推到门外的大街上。还有一次，一个跟踪者出现在门口，这位年轻人解释说，他一直在监视那个"很帅的家伙"——弗雷德，他从一个墨西哥卷饼送货员那里获得了币基的地址。他想知道公司是否愿意雇用他。他也被赶到了外面。

2013年末，币基还聘请了第一位律师，名叫胡安·苏亚雷斯。苏亚雷斯虽然已经25岁了，但看上去还像个小男孩，有一双深邃的眼睛和一头深色头发，他曾担任后来的最高法院大法官尼尔·戈尔萨奇的书记员，后来加入顶级律所，走上了律师千篇一律的职业道路。苏亚雷斯厌倦了长时间审查次级抵押贷款文件的工作，整夜在 Reddit 论坛潜水，阅读有关比特币的内容。当看到币基的招聘信息时，他意识到自己得到解脱的机会来了。"我当时正在写一篇有关美国抵押贷款的多地区诉讼的文章，我想这东西一文不值。于是我拼凑出一个蹩脚的幻灯片，主题是我能为币基提供什么帮助。马蒂娜告诉我，她其实收到了很多其他更符合资格条件的申请，但她喜欢我的幻灯片。"胡安回忆道。

马蒂娜和胡安一起梳理币基对法律和财务备案的轻率处理这一问题，开始为其建立一定的秩序。他们还拜访了美国特勤局、联邦调查局、国土安全部和其他监管机构，向其解释比特币的潜力，并保证币基并不是用于洗钱的场所。出乎意料的是，币基结交到了检察官凯蒂·豪恩等盟友，他们之间的交流开始有所共鸣，币基也渐渐赢得尊重。

布赖恩和弗雷德站在那里，像一对训练教官一样指挥着这一切。两人蹲坐在布鲁索姆街公寓上层的指挥中心，完全是两个工作狂。如果说弗雷德的口头禅是"穿过砖墙"，那么布赖恩的口头禅就是"戴上耳机"。币基的员工常常会看到，布赖恩的光头被巨大的头戴式耳机包裹着，这是一个让人远离的信号。"戴着耳机的布赖恩有一种'别烦我'的气场。如果他在这个区域，你甚至不能从他身边走过。"胡安回忆道。

基于币基这种冷酷而清晰的文化，《彭博商业周刊》把布赖恩和弗雷德称作"瓦肯星 [1] 的瑞士银行家……别想逗笑他们"。因为非胜即败的工作试用、谷歌风格的面试谜题，该公司的招聘文化已经算得上十分严苛了，但"做拇指手势"的做法，使招聘过程变得更为紧张。"做拇指手势"是指，每个在房间面试候选职员的考官，需要在面试结束后即刻做出古罗马角斗士那种拇指朝上或朝下的手势。只要有一个人的拇

---

[1]　瓦肯星是科幻电视剧《星际迷航》中的智慧种族瓦肯人的母星，瓦肯人以信仰严谨的逻辑和推理、去除情感的干扰而闻名。——编者注

指朝下，就意味着候选人面试失败。

对于胡安来说，虽然币基的文化可能有些极端，但那并没有让他惊慌失措，他说："我觉得这很有趣。如果你想谈论一种'冷漠和狄更斯式'的文化，那么可以试试在一家大型律师事务所工作。"

尽管如此，弗雷德和布赖恩专横的管理方式开始使公司的其他员工感到紧张和疲惫。弗雷德不断告诫要穿过砖墙，起初的确鼓舞人心，但现在却让人生畏，这家初创公司可能会在自身压力之下倒闭。

2013 年 12 月，纳塔莉·麦格拉思来了，她是一位热情的年轻女子，长着一双美丽的蓝眼睛和一头棕色的头发。在斯坦福大学的 MBA（工商管理硕士）课程中，她尝试了运营和前台管理，磨炼了自己的专业能力。这所大学有很多一往无前、兄弟般的奋斗者，同她在布鲁索姆街看到的一样。在面试纳塔莉时，布赖恩和弗雷德提出了一个致命的逻辑问题，问题涉及一个残酷的法老迫使其臣民从黑色弹珠和白色弹珠中选出一罐，选择错误就意味着死亡。当纳塔莉反问他们法老这么做的原因时——这个问题超出了范围——布赖恩不耐烦地说："奴隶们正在反抗，所以我们需要杀一儆百。"

"好吧，我会把弹珠推到一边，让奴隶们更有生产能力。"纳塔莉回答道。弗雷德说这是胡说八道，但是布赖恩喜欢这个答案，认为这种非常规思维值得鼓励。不久纳塔莉就被录用了。她和胡安·苏亚雷斯分别是币基的第六号和第七号员工。

币基拥有初创公司所需要的一切——金钱、导师和努力工作的程序员，只有一样东西没有。同硅谷的许多公司一样，这家公司缺乏情商，但在纳塔莉出任办公室主任之后，这种情况开始发生变化。

纳塔莉负责组织公司的第一次务虚会，她巧妙地说服布赖恩和弗雷德放弃原来的提议，即他们想进行"狩猎和采集"活动，要求每个员工干掉自己的食物。相反，纳塔莉安排了一次去纳帕谷的旅行，在喝酒和泡热水澡之间穿插了几天团队比赛。

这次旅行卓有成效。纳塔莉的巧妙管理使公司最难处理的问题迎刃而解，币基的员工开始以前所未有的热情投入工作。即使是两位"瓦肯星银行家"也增进了彼此间的感情，虽然他们经常在一起。几年后，弗雷德仍记得在一次瓦胡岛之行后，他和布赖恩的兄弟情义提升到了一个新高度，在旅行中他们一起讨论了《纽约时报》的一篇文章提出的 36 个问题，这使他们之间的关系变得更为亲密。

同时，这家初创公司的月度数据一直呈现增长趋势，形状开始变得像另一个硅谷的神圣创新——曲棍球棒。"曲棍球棒式增长"一词意味着突然上升，这就是币基在 2013 年底的表现，该公司的客户数量迅速上升，钱包账户接近 100 万个。推动这一切的是比特币价格的惊人飙升，10 月突破 200 美元，

11 月突破 500 美元，12 月突破 1 000 美元。第一次真正的比特币热潮已全面展开。就在当年的年初，币基还在为筹集 500 万美元的 A 轮融资而焦头烂额，而现在，硅谷的顶级风险资本家都在排队向他们投资。于是他们接受了。2013 年底，也就是距开业仅一年多的时间，币基就获得了 2 500 万美元的 B 轮融资，这是迄今为止对加密技术的最大投资。是时候庆祝了！

· · ·

"砰！""砰！"子弹穿透了旧金山南部射击场的目标。打出的子弹击中目标时，布赖恩和公司其他员工喜悦地尖叫着，并为站在加密货币世界之巅而欣喜若狂。合规官马蒂娜站在公司同事旁边开枪。她在射击台上正听着报靶，突然感到脸颊上有一个地方火辣辣的。一个灼热的空弹壳嗖的一声从枪里飞出，灼伤了她。这是一个不祥征兆吗？

第四章

──○

萧 条

一个清冷的早晨，太阳越过旧金山东部布满橡树的山丘，缓缓升起。这一天是 2014 年的元旦。就在这一年，喜剧演员比尔·科斯比爆出丑闻，颜面扫地；珍妮特·耶伦受命成为领导美联储的第一位女性。放眼海外，一个名为"伊斯兰国"（ISIS）的恐怖组织正在崛起，与美国相持不下；而在美国国内，一对同性恋情侣向法院提出申诉，要求获得婚姻权。在硅谷，技术投资者将首次投资给了一家名为 Casper 的盒装床垫公司和一款名为 Slack 的新奇办公软件，《福布斯》杂志则把主营约车服务的优步列为年度最热门的初创公司之一。当布赖恩和币基的员工们从新年的宿醉中清醒过来时，旧金山依旧沉浸在对比特币的热议之中。

数字货币已经从 2013 年 12 月的 1 100 美元高位回落，但仍然在 800 美元附近反弹，相比于 2013 年初 13 美元的售价，这一发展着实让人震惊，好在政府已经开始监管比特币。

2013 年 11 月，一位名叫帕特里克·默克的律师在听证会上向参议院介绍了去中心化数字货币的好处。出人意料的是，参议员们对比特币很感兴趣，甚至鼓励其流通。由于默克担任比特币基金会这一新兴组织的法律顾问，所以参加这次听证会是他一年中最忙碌的时候。比特币基金会由他和其他各类比特币支持者发起，旨在通过加密商会为中本聪创想的比特币挽回该有的商誉。

不仅比特币发展势头强劲，其他加密货币也因为可以像比特币一样兑换成现实世界的货币而有了各自的支持者。比如币基的李启威创造的比特币衍生物"莱特币"，还有灵感来自柴犬滑稽表情包的"狗狗币"。这些加密货币虽然新奇古怪，但却等值于数千万美元的现实货币。与此同时，杰德·麦凯莱布这位曾创建了世界上最大的加密货币交易所的程序员，又富有远见地参与研发出"瑞波币"和"恒星币"两种多功能货币。今天，瑞波币和恒星币的总市值已经超过100 亿美元。

与此同时，币基也遇到了对手。该公司的早期投资者巴里·西尔伯特成立了一家名为"灰度"（Grayscale）的公司，以信托形式出售比特币，从而允许投资基金获得对比特币的敞口，解决了投资基金章程中禁止直接购买比特币的问题。除此之外，曾将从脸书获得的财富投资到比特币储蓄中的泰勒·温克勒沃斯和卡梅伦·温克勒沃斯这对双胞胎兄弟，又投资了一家名为 BitInstant 的比特币交易平台初创公司。同币基一样，BitInstant 既为普通消费者提供进入加密世界的便捷入口，也为商家提供接受比特币支付的服务。与币基冷酷的"瓦肯星银行家"布赖恩不同，BitInstant 的首席执行官是一个"讨厌鬼"。

这位 24 岁的首席执行官身为比特币基金会的副主席，平时偏爱参加狂欢派对。2013 年后半年，一群风险投资人剑指币基，在一家名为 Circle 的区块链应用服务平台上下了大赌注，而比特币的安全存储服务公司 Xapo 也推出了一种易于购买加密货币的工具。

即使币基遇到了前所未有的竞争对手，但这对于在 2014 年初正值繁荣时期的比特币而言都无足轻重。大量比特币新客户的涌入意味着馅饼正在做大，每家公司都能分一杯羹。对于币基而言，因其每次交易都能获利，所以新客户的涌入往往会带来收入增长，而且公司每月的客户量走势良好，年增长率高达 7 000 个百分点。同时，亚当·怀特这位不知疲倦的曾经的战斗机飞行员，说服了越来越多的商家接受比特币，而比特币也不再像和供应商签约时那样晦涩难懂。在销售闪电战中，亚当还说服了包括 Overstock（购物网站）、Expedia（在线旅游公司）和戴尔在内的一系列巨头尝试加密货币。不久，他代表币基签下合同，为火人节（Burning Man）——每年 8

月在内华达州的沙漠中举行的技术迷的狂欢节——提供比特币服务，增加了公司的社会威望。一份份商业合同，再加上激增的消费市场，种种迹象表明币基在 2014 年的增长趋势本该像韦恩·格雷茨基的曲棍球棒一样漂亮。

然而，事实却并非如此。

• • •

2014 年 2 月初的一天，一位名叫马克·卡佩莱斯的法国青年正忐忑不安地待在他东京的公寓里，陪在他身边的是一只叫蒂巴纳的白橘色虎斑猫。卡佩莱斯不善社交，但在加密圈里却以"魔法燕尾服"（MagicalTux）这一称号而闻名，这是他曾用来经营世界上最大的比特币交易所 Mt. Gox 的代号。但 Mt. Gox 不是卡佩莱斯创造的，而是由编码员杰德·麦凯莱布开发的。麦凯莱布开发这一网站的初衷是，为游戏《万智牌》集换卡牌。Mt. Gox 也因此得名——它的名字源于"万智牌在线集换平台"（Magic the Gathering Online Exchange）的英文缩写。然而，在 2011 年将 Mt. Gox 出售给卡佩莱斯之前，麦凯莱布把网站改用于交换比特币而非游戏卡牌。卡佩莱斯虽然性格腼腆，但却把 Mt. Gox 打造成了巨人般的网站，成为比特币交易的主要平台，接受来自世界各地的电汇，他也顺理成章地成了比特币基金会的董事。到 2013 年，有 70%

的比特币售买交易都在 Mt. Gox 进行。但是 2014 年 2 月的一天，卡佩莱斯的忐忑不是没有理由的。他坐在家里撸猫时，一连串电子邮件和 Reddit 的消息不断在电脑屏幕上弹出，所有人都在问同样的问题："我的钱去哪儿了？"这类消息已经轰炸了好几天，一拨比一拨更愤怒、更坚决。卡佩莱斯知道，答案其实很简单：钱不见了。因为黑客入侵了 Mt. Gox 的服务器，让客户流失了 740 000 多个比特币，这在当时等价于 5 亿多美元。危机持续加剧，一位名叫科林·伯吉斯的客户走上东京街头，接连两周举牌质问："Mt. Gox，我们的钱去哪儿了？"恐慌暴增，价格暴跌，卡佩莱斯已经慌了。罗杰·维尔，这位被称为"比特币耶稣"的自由主义者，在星期五直接飞过去帮助卡佩莱斯挽救残局，但对方的反应让他大失所望：卡佩莱斯提议周末先好好放松一下，下星期一再收拾烂摊子。

币基的早期投资人巴里·西尔伯特曾接到电话，被问及他是否愿意收购 Mt. Gox，结果他拒绝了。"我看他们资不抵债，所以就给联邦调查局打了电话。"西尔伯特回忆道。

此外，卡佩莱斯的同事也孤注一掷。他们一边疯狂地传递一份记录这场比特币灾难的备忘录，一边思考着挽救措施。但在 2 月 24 日，一位名叫本·达文波特的著名比特币企业家将这份文件泄露给了前银行家瑞安·塞尔基斯，后者当时是颇有影响力的加密博客"两个比特笨蛋"（Two Bit Idiot）的博主。塞尔基斯把文件公之于众，昭告世界 Mt. Gox 垮台了，连许多忠实的比特币持有者也都已经被扫地出门。繁华落幕。

在旧金山，币基的员工们眼看着这场灾难一步步发展，最后大家长舒一口气，庆幸自己做对了选择，得以躲过一劫。原来，与许多其他比特币公司一样，币基第一年的大部分日常交易都依赖 Mt. Gox 作为比特币流动资金的来源。公司通过运算，预测在给定时间内能满足客户需求的比特币数量，再从 Mt. Gox 获得比特币，而且多亏了弗雷德这个曾在高盛工作的交易天才，币基甚至建立对冲来从比特币池的价格波动中获利。这个系统在 2013 年运行了大半年，直到有一天，用奥拉夫的话说："Mt. Gox 开始有些不对劲了。"

李启威也回想起一系列警示信号，这些信号预示了那个法国人和他的猫掌管的大型交易所正在走向切尔诺贝利式的崩溃。"Mt. Gox 将 100 万美元记入币基的账户，但这笔钱实际上并不属于币基。由于 Mt. Gox 无法读取比特币区块链，所以这笔钱是凭空创造的。"李启威说道，"弗雷德看出了端倪，及时把币基从 Mt. Gox 的坑里拉了出来。"

但也不是人人都这么幸运。正如一家大银行的倒闭会给抵押品招致沉重不幸一样，Mt. Gox 的崩溃也让依靠交易所流动资金的公司和成千上万的散户面临破产。比特币价格还在持续下跌。到 2014 年 2 月上旬，很明显能看出去年 12 月 1 100 美元的高价已成泡沫，这一泡沫也破灭了。Mt. Gox 的垮台将比特币的价格压到 500 美元左右，而这一切只是一段漫长而痛苦的低迷期的开端。距离比特币再次以 1 000 美元的价格出售，可能还需要数年的时间。

随着价格一落千丈的，还有比特币的声誉。借助 2013 年的那场参议院听证会和比特币基金会的运作，数字货币的声誉有所挽回。比特币基金会原本计划像一个普通的贸易组织一样继续运行下去。但在 2014 年，就连这个基金会也深陷丑闻，一片哗然。Mt. Gox 灾难之后，卡佩莱斯辞去了基金会董事的职务，但揭露事件真相的博主塞尔基斯并不买账，他要求基金会总裁和执行主席统统下课。塞尔基斯抨击二人未能向比特币世界预警 Mt. Gox 即将崩溃的消息，指责他们与卡佩莱斯勾结以保护个人财富。与此同时，基金会也有自己的麻烦。币基的竞争对手 BitInstant 的首席执行官——"讨厌鬼"查理·史瑞姆，并没有听取温克勒沃斯兄弟让他专心经营比特币业务的建议，依旧纵情于鸡尾酒会和俱乐部的享乐。然而，经营这类业务很重要的一点是遵纪守法，可惜史瑞姆在栽跟头之前一直都忽略了这一点，导致他旅行归来就被美国缉毒局特工拦截在肯尼迪国际机场，受到了包括洗钱在内的诸多刑事指控。史瑞姆对较轻的指控认罪，后来在联邦监狱服刑一年多，但他只是涉及比特币的众多罪犯之一。

5 月，比特币基金会任命了新人来为其风光不再的队伍助力，其中就有曾经出演过迪士尼电影《野鸭变凤凰》的前童星布罗克·皮尔斯。这一决定却引发了其他成员辞职的风波。他们对皮尔斯的诸多丑闻感到震惊，尤其是前员工对其提起的诉讼，指控皮尔斯曾在她们未成年时用药品强迫她们与其发生性关系。

比特币基金会在成立之初是一个比特币版的商会，但在2014年，这个基金会看起来更像是一个招摇撞骗的流氓恶棍。早先积累起来的声誉在经历了几次风波之后，已经荡然无存。

不仅如此，与比特币基金会拙劣的滑稽表现相比，犯罪分子利用比特币引发的动荡更是层出不穷。在2013年后半年，媒体报道了名为"丝绸之路"的全球毒品集市背后的主谋"恐怖海盗罗伯茨"落网的消息。联邦调查局的便衣特工在旧金山的一个图书馆里与这个化名罗斯·乌布利希的"恐怖海盗罗伯茨"展开对决，上演了好莱坞电影式的桥段——就在他合上笔记本电脑、加密所有数据的前一秒，特工抢过了笔记本电脑。电脑里记录了乌布利希庞大的犯罪帝国的许多信息，其中就有他藏匿了大量比特币的公钥和私钥，正是这些比特币让毒品"丝绸之路"的运作成为可能的。

这场行动也为明星检察官凯蒂·豪恩送来了另外两个备受瞩目的罪犯。自从上司要求她打开"姓名未知"文件起诉比特币以来，豪恩就渐渐成了数字货币的技术专家。她不仅了解了私钥和加密技术的来龙去脉，还开始向美国国家税务局和缉毒局等其他机构的调查员讲解加密货币的工作原理。

事实证明，有两名联邦特工不仅研究比特币，而且在调查"丝绸之路"的同时，也一直在研究如何将比特币装进自己的腰包。其中之一是特勤局特工肖恩·布里奇斯，他抢劫了"丝绸之路"账户里至少 1 500 个比特币，相当于 800 000 美元，而这笔钱本该归入美国政府。此外，缉毒局的卡尔·马克·福斯的所作所为更加离谱。他不仅从"丝绸之路"的账户中窃取比特币，还向"恐怖海盗罗伯茨"售卖执法部门的虚假信息，敲诈了他一笔。更让人大跌眼镜的是，福斯还策划了一场谋杀案，将指控"恐怖海盗罗伯茨"伪造比特币的线人暗杀，甚至还拍下血腥照片证明线人已经惨死。然而，这个黑警在慌乱之中漏洞百出，比如，他居然使用工作电脑和"恐怖海盗罗伯茨"沟通；又比如，在布里奇斯的案子里，他告诉人们自己是处理美国政府所有比特币相关事务的关键人物，结果这一消息引起了联邦检察官豪恩的注意。豪恩快刀斩乱麻，最终轻轻松松地就把布里奇斯和福斯双双送入监狱，这件案子也引发了有关比特币和犯罪的又一轮头条新闻。行为不端的特工被绳之以法，但这还远远不是豪恩最后一次调查比特币犯罪事件。此后不久，她牵头调查一家名为 BTC-e 的比特币交易所，这家交易所由一个神秘的俄罗斯人经营，因专为世界各地的罪犯洗钱而臭名昭著，最终在豪恩的带领下这个交易所被一举击溃。

　　尽管 2013 年比特币泡沫破灭之后，有关新闻往往让人揪心，但也不乏喜剧时刻。最有名的莫过于 2014 年 3 月，濒临倒闭的《新闻周刊》带着比特币独家新闻重返报摊，爆出猛料：他们挖到了中本聪的真实身份。在引人注目的封面故事中，该杂志透露比特币的创始人是一位 64 岁的日裔美国人，名叫多里安·中本聪，他一直和母亲同住在洛杉矶附近。这一消息招致一群记者在洛杉矶高速公路上围堵多里安·中本聪。随后，记者在餐厅采访多里安·中本聪时发现，眼前的这位所谓加密货币创造者事实上根本不了解加密货币。第二天，一个停用已久的与真正的中本聪绑定的账户发出了一则简讯："我不叫多里安·中本聪。"

《新闻周刊》随即名誉扫地，除了杂志社，人人都看出这场比特币大揭秘就是一场闹剧。与此同时，一群比特币的长期支持者对不幸的多里安·中本聪表示同情，于是众筹了 67 个比特币，对其遭遇聊表抚慰。几年后，这位老人以数十万美元的价格兑换了这笔捐款，他自己也成了比特币爱好者，并且偶尔以一种友好的心态出席加密大会。与其他比特币周边产品一样，这位老人困惑的表情被恶搞成了表情包，经常出现在推特和加密货币留言板上。

中本聪历险记的喜剧效果缓解了比特币的严峻态势，但 2014 年中期，比特币前景依旧黯淡。暗网"丝绸之路"的揭露及其引发的犯罪活动带来的不仅仅是声誉打击，更大的问题是，比特币最初是作为一种革命性的新支付方式被提出的，但这一构想的实现却遥不可及。

虽然币基和其他公司让比特币变得更易获取，但如何在现实世界中把比特币花出去仍是一个让人头疼的问题。在大批商家接受比特币的同时，事实也越来越清晰——比特币只是一个噱头。结果证明，中本聪发明的付款方式很差劲，因为它需要花 10 分钟甚至更久才能确认交易已结清。更糟的是，比特币价格波动如此之大，导致消费者的购买力会在一个下午之内下降 20%。在像奥拉夫这样的顽固分子努力用比特币进行支付交易时，普通消费者已经用更便捷的方式——从快速刷卡或信用卡付款，到使用 Venmo 这一新兴的点对点应用程序——完成支付了。为什么有人会用这种又慢又不可靠的比特币来付款？

从使用过比特币的用户的反馈来看，人们对它成为一种包容、民主的货币已经不抱任何期望了。有媒体报道，比特币用户中男性占比 96%，即使比照硅谷的情况，这一比例也很高。一些加密活动以衣着暴露的女郎为特色，但这也没起到什么帮助，反而暴露出科技行业最糟糕的"展台女郎"文化。

比特币价格一路暴跌。经历了初夏的短暂回暖之后，2014 年秋天，比特币价格又跌至 400 美元，并且还在持续下跌。到 2015 年，其价格仅 200 美元出头，比起 2013 年的峰值，比特币所流失的价值高达 80%。

对于只有 50 多名员工的币基和其他比特币信徒而言，心情已经跌到了谷底。

然而，人类的悲欢并不相通。在 2014 年的最后一天，也就是 Mt. Gox 倒闭 10 个月之后，奥拉夫在旧金山的一场聚会上还在用手机购买比特币。他欣喜若狂地告诉朋友："你敢相信它有多便宜吗？这个价格一旦错过可就再也没有了。"

第五章

——。艰难时刻

弗雷德和布赖恩"穿过砖墙"的信条推动着公司的发展，以成长的名义激励员工实现几乎不可能完成的壮举。但就像脸书早期的口号"快速行动，打破现状"一样，币基将为其主动出击付出代价。倘若"穿过砖墙"奏效，它便是一种一招制敌的策略，倘若没有奏效，公司则会赔得很惨。

　　例如，币基早前智胜苹果公司的策略就很聪明。它让一家初创公司蔑视苹果公司的规则，允许客户在其应用程序中直接进行比特币交易，同时在丘珀蒂诺（应用程序在此接受审查）禁用应用程序的买卖功能，把苹果公司蒙在鼓里。但是几个月后，苹果公司就发现了这个伎俩，币基的应用程序便被毫不客气地从应用商店下架了。

　　有时，币基"穿过砖墙"后，创始人发现外面什么都没有。

　　前空军上尉亚当·怀特付出了超人般的努力，与几十个商家签订了接受比特币的协议，其中包括 10 家收入超过 10 亿美元的公司。这一努力的结果便是如此。布赖恩和弗雷德原本相信通过签约会解锁一座金矿，每当商家接受比特币支付时，币基就可以从中抽成。这个理论听起来很宏大，但实际上，它需要稳定的客户流，并且这些客户愿意用比特币购买咖啡、家具和各种其他东西。然而，现实中的客户流更像是一条涓涓细流，甚至几近枯竭。接下来的几年中，币基不断尝试增加新的业务，却屡屡失败。

"虽然公司希望在各个方面都做到最好，但经纪业务始终是重中之重。"克雷格·哈梅尔回忆道，这位腼腆的工程师是币基的第二号员工。

除了币基之外，硅谷的其他科技公司也在积极探寻多元化的商业发展之路，硅谷的其他科技公司，甚至是最大的科技公司，也仍然严重依赖核心业务获取大部分收入，尤其是利润。比如谷歌及其母公司 Alphabet，后者涉足从自动驾驶汽车到人类生物学的各个领域。不过，这些尝试大多数是亏本的，而到头来谷歌的大部分资金还是来自搜索引擎广告。与此同时，脸书屡次尝试把购物服务并入平台，但始终未能如愿，而它推出的脸书手机也很快被淘汰，进军移动手机市场的实践成了公司最大的败笔。虽然拓展赚钱渠道对公司发展大有裨益，但就像币基的几次尝试一样，问题的关键是，把构想付诸实践实在是难上加难。

2015 年，尽管比特币走入熊市，但布赖恩还是看到了希望。年初，币基获得了 7 500 万美元的巨额融资，使币基自布赖恩进入 Y Combinator 以后的融资总额达到 1.06 亿美元。投资者中既有那些常见的风险投资家，还有华尔街的新面孔——这表明曾经极力嘲讽加密货币的传统金融界开始正视比特币。币基现在的支持者包括纽约证券交易所、银行业巨头联合服务汽车协会和花旗集团前首席执行官潘伟迪等。

币基还进军了更多的国家，包括欧洲 20 余国以及加拿大和新加坡。该公司的一个举措就是，推出专业交易所。虽然币基最初允许散户买卖比特币，但该交易所是一个增强版本，可以让大型交易者进出价值数千美元或数百万美元的头寸。币基的员工身着睡衣，通宵达旦，准备在清晨推出该交易所。整个行动的代号为"登月"，这是对加密世界的热词"奔向月球"的致敬，指的是一种让每个人都变得富有的价格运行机制。如果比特币商户支付失败，交易所还承诺将推出新的业务。币基以佣金形式抽取的金额将远低于其散户投资者支付的 2% 左右——仅 25 个基点或 0.25%，但是交易规模会大得多：一家对冲基金购买 100 万美元的比特币将向币基支付 2 500 美元。如果交易所流行起来，就意味着币基除了其核心的比特币散户群体之外，还可以拥有机构客户。

· · ·

投资者注入了新的资金，专业交易所成立了，这些现象都令人欣喜，但无法掩盖比特币价格处于低位，交易量也停滞不前的丑陋现实。与此同时，布赖恩需要学习如何在艰难时刻发挥领导作用，然而，他对这类事务总是学得很慢。在从伦敦到赫尔辛基的四个城市的旅行中，他努力激发起欧洲各地的人对比特币和币基的兴趣，但这一旅程也将其缺点暴露无遗。对于一个大部分时间都戴着耳机宅在家里、脸贴着屏幕、像个疯子一样编码的人来说，这趟旅程的体验极为不适。他明明是一个内向的人，却要干着外向的活计。首席执行官需要销售、交际和赢得媒体的好感，而布赖恩不喜欢这些。他热衷于构建激情，并将其投入产品中。

"产品永远都不够好。一想到我们产品的情况我就感到难受，尤其是当它运行缓慢、出现问题或造成不便时。这是一种痴迷。"布赖恩后来在一篇博客文章中写道。对一个内向的首席执行官来说，要告诉公司和客户自己的想法，最好的方式是写而不是说。

通常，虚张声势的弗雷德会处理外部事务。但这次欧洲之行，弗雷德忙于处理美国的紧急事务，只能让布赖恩独当一面。布赖恩乘坐火车抵达巴黎，前往该市新的"比特币之家"。看着阴云密布的天空，布赖恩深感无力。随着旅程推进，要处理的事情越来越多，这让布赖恩逐渐撤退到自己最喜欢的私人世界：耳机一戴，了无人事干扰。退回这个安静的内心世界虽然不是为币基造势的理想方式，但给布赖恩带来了临危不乱的能力。

这并不意味着币基的其他人可以效仿。在旧金山，公司内的情绪越来越紧张。币基现在有几十名员工，2015 年 4 月，这些员工和中本聪的构想一同离开了狭窄的布鲁索姆街公寓，在旧金山的主干道市场街建立了真正的办公室。比特币的价格不断下跌，公司乔迁新址并没有驱散这种悲观情绪。只有奥拉夫和克雷格这样真正的比特币信徒不为价格下跌所扰。"看看比特币价格以外的任何其他指标，你会发现你的信仰坚定了，信心十足了。"回忆起低迷的 2014 年和 2015 年时，克雷格这样说道。

其他人的信仰则不那么坚定。2015 年，币基有 1/3 的新员工辞职，纳塔莉不得不劝说布赖恩和弗雷德进行公司内部的满意度调查。结果使他们震惊不已：员工们焦虑不安，士气低迷。

"去他的狗屁士气，"弗雷德对着调查结果咆哮道，"你要是不相信比特币和这家公司，就不应该在这里工作。"（时隔多年，现在非常富有的弗雷德回首那段艰难时期，反思道："有很多可怜的人在那时失去了信心。"）但在 2015 年，币基的董事会并不认同弗雷德的观点。董事会已经对创始人专横的管理风格感到担忧——包括布赖恩的言论，比如"和我说话时你要是没有让我惊奇，我是不会理你的"。董事会找到了一个常用的补救办法：聘请顾问和教练。布赖恩和弗雷德并不是第一批需要被打磨棱角的硅谷高管，公司对他们进行了深入培训。

这并不是说创始人缺乏人性。币基的老员工形容布赖恩和弗雷德耿直、率真，在关键时刻也富有同情心。空军飞行员亚当回忆起他拼命工作时，母亲却没能战胜癌症，那段时间布赖恩和弗雷德对他非常友好。害羞的工作狂克雷格还记得创始人费尽心思地为他庆祝生日。尽管如此，布赖恩和弗雷德的日常举止、期待员工拥有和他们一样工作狂般的生活方式、漠视办公室士气等问题依然很突出，币基的董事会决心改变这一状况。

然而，一些补救措施适得其反。布赖恩迷上了一种名为"有意识的领导"的管理方式，员工们将其描述为一个包含新年龄歧视主义和12步复兴计划的混合产物。他们毫不客气地将其与讽刺电视节目《硅谷》中的某些内容进行了比较。以完成一个所谓"15项承诺"计划的名义，"有意识的领导"鼓励员工在遇到各种各样的冲突时使用不合常理的语言和礼节。比如，在同事面前说："我能和你澄清一下吗？"然后用类似的语言表达一连串的不满："事实就是这样……""我自认为就是这样的……""你讲话这么大声，你一定生气了！这刺激到我了。"

"这些都是为消除困窘和撒气提供的办法，对自我实现可能很有用，但在工作场合用起来却很糟糕。"纳塔莉说道。她已经好几次因为公司内部的冲突而在卫生间崩溃大哭了。

尽管如此，布赖恩还是认为，"有意识的领导"才是理想的选择。在他这个工科男的思维里，这相当于一个情感方程式，一种将情感简化为公式的方法。在数据驱动的硅谷，这种迷惑人的做法竟然完全说得通。

· · ·

2015年，一个比特币价值1 000美元的令人目眩的日子已成为遥远的记忆，倘若媒体和公众还有记忆，那么他们会想起那时加密货币和区块链曾是一种时尚。相较于加密行业的其他公司，币基有着干净的声誉，这可以让其聊感欣慰。但如今一系列事件意味着，即使是这一点也命悬一线。

风险投资家克里斯·狄克逊表示："币基的战略是成为加密白衣骑士。"这意味着币基不再涉足任何曾给比特币带来恶名的领域。在这个充斥着虚伪的行业里，币基希望凭借坦诚脱颖而出。多年后回顾此刻，该公司的首位律师胡安·苏亚雷斯表示，币基获得成功的策略很简单。"一个复杂的战略并不能让我们成功。"他说，"我们要做的就是告诉自己：'不要被黑客入侵，不要违法，要保持好与银行的关系。'"

即使全世界都这样看待币基，但布赖恩和弗雷德知道事实并非如此。币基已经遭受过一次黑客攻击，尽管该公司把这件事当作秘密一样保护起来。而且该公司与一家至关重要的银行的关系也遭到破坏。

在银行业里，硅谷银行是独一无二的。它由快速发展的科技初创公司成立，并为这些公司的创业计划服务，其风险特征不同于任何其他银行。它已经成为成千上万个初创公司的财务命脉。就像哈利·波特系列中的古灵阁巫师银行或《权力的游戏》中的布拉佛斯铁金库一样，硅谷银行是由一群使用自创代码的银行家运营的。一家初创公司至今还没有收入？别担心。硅谷银行是为满足硅谷的需求而成立的，它承揽了其他银行不会接触的高风险初创公司业务，并在创始人、风险投资家和科技孵化器的紧密合作下运行。

尽管秉承着以硅谷为中心的世界观，但硅谷银行对币基及其承诺并没有表现出特别的兴趣。在联合广场风投公司的弗雷德·威尔逊的大力推动下，硅谷银行才接手了其业务。对银行而言，布赖恩或币基的业务计划并没有问题，比特币才是问题所在。与新兴的大麻行业一样，比特币面临着两个风险：一是违法，二是真实存在的、脱离监管的波动性。Mt. Gox 已经证明了这一点。银行家越发将比特币公司视为无数未爆炸的地雷。它们在一个合法的危险世界里运作，在那里，一个错误举动就可能使一家公司在联邦刑事调查中被摧毁。为风险企业提供资金的银行可能会遭受巨额罚款形式的附带损害。这些公司最好完全保持清白。

硅谷银行为币基破例，一部分原因是弗雷德·威尔逊的支持，另一部分原因是币基将自己定位为一家科技公司。币基的一位前高管表示："有些公司并不是软件公司，但声称自己是软件公司。"他解释了币基最初是如何说服硅谷银行成为其投资者的。

获得硅谷银行的投资是币基的一次突围，但这只是第一步。现在，币基必须让硅谷银行满意。该银行已经看到，币基从不缺少善变的创始人与高风险的商业投资，但它在金融、技术和监管这一百慕大三角边缘开展业务——这意味着与支持创建协作软件的其他硅谷公司相比，硅谷银行投资币基承担的风险要大得多。

正如布赖恩和弗雷德所做的那样，在软件开发和业务方面"穿过砖墙"是合适的，而在法律和监管环境中这样做就不太可取了（尤其是对投资者而言）。对于币基的合规官马蒂娜·涅加德里克来说，这种方法会让情况进一步恶化。她不得不说服那些雄心勃勃的创始人采取烦琐、耗时的步骤，来和美国政府保持良好关系。"这是他们第一次进行现实检查。只要想在世界范围内转移资金，你就无法摆脱反洗钱监控。"

她回忆道。

布赖恩和弗雷德并不乐意接受新监督。无论他们是否意识到，他们都已经采取了与亿万富翁投资者和企业家彼得·蒂尔相同的激进手段，15 年前蒂尔推动了 PayPal 的发布。像币基一样，PayPal 领先于时代，用蒂尔的话说，这是科技和政治之间的较量。在这样的较量中，律师与合规官员只会阻碍你的进度。PayPal 的一位高管告诉蒂尔，是时候聘请一个大的法律团队来指导他们了，而本身也是律师的蒂尔拒绝了该计划。"不，我们不会雇用他们，"蒂尔对高管说，"他们只会告诉我们什么不能做。因此，我们必须继续前进，不是聘请律师，而是继续做下去。"

蒂尔在 PayPal 早期的做法与币基"穿过砖墙"的精神十分相似，但两者有一个关键的区别。正如蒂尔本人所指出的那样，PayPal 成立于"9·11"事件发生和美国《爱国者法案》发布之前，当时政府对银行业的审查并没有那么严格。

从理论上讲，这意味着布赖恩和弗雷德必须留意马蒂娜的举动，但实际上，结果是一系列失败，每次失败的方式大致相同。马蒂娜会发现一些潜在的破坏性选择，这可能会吓到监管机构，并呼吁采取措施使币基回到遵守美国银行法的正轨上。布赖恩仍在 Reddit 上的聊天中检验自己的决心，他会回击并询问这些步骤是否构成对比特币的背叛。

马蒂娜领导的合规部既不能招徕客户，也不能生产产品，只会增加成本。她筑起砖墙，而不是穿过它们。

马蒂娜无法阻止布赖恩和弗雷德做出一系列公然失态的行为，这些行为使币基曾经耀眼的光环开始变得黯淡，其中包括他们越过监管，宣布币基将在许多州成立持牌交易所，基本上，这种原本躲在一个合法的危险世界中的加密业务将很快获得传统证券交易所或经纪公司的地位。马蒂娜在迪士尼乐园庆祝生日时，看到了弗雷德夸夸其谈的报道，她的心沉到了海底。

弗雷德的言论很快就引来了麻烦：加利福尼亚州强有力的金融监管机构商业监督部以"消费者警报"的形式发布了对币基的公开打击。接着纽约州的官员接踵而至，他们告诉《纽约时报》，与弗雷德声称的相反，币基一直在无证经营。

更糟的事很快就发生了。弗雷德为投资者制作了一组幻灯片，其中强调了比特币的四大优势，包括诸如降低交易成本和欺诈风险之类的明显好处。但该幻灯片的第一个要点是以俄罗斯为例解释说，比特币可以"免予针对特定国家的制裁"。这或许是真的——在许多情况下，政府无法阻止比特币的流通——但在公司幻灯片上大肆宣传就相当于说："我们的产品可以破坏美国的银行制裁。"

没过多久，就有人把弗雷德制作的幻灯片泄露给了媒体。2015 年 2 月，保守派媒体《华盛顿自由灯塔报》刊登了这一报道，刺耳的标题是《币基吹捧其加密货币可以规避对伊朗的制裁》。弗雷德仅用一个要点就将币基卷入了地缘政治。

硅谷银行已经受够了，其律师一直在密切关注币基，并且在 2015 年春季举行的半年度风险审查中，与币基一刀两断。币基不再有银行账户，不再有信用额度，不再能获得帮助。对于币基来说，这是一场前所未有的灾难，因为在没有银行的情况下运营加密货币业务，就像在没有冰箱的情况下贩卖冰激凌一样。对币基的一位长期投资者和顾问而言，该银行的举动是飞来横祸，他十分恼火，感觉自己被出卖了。

硅谷银行本可以给予币基六个月的宽限期，让其寻找另一家银行，为其留下一线生机，这是硅谷银行能够做到的，但它几乎没有这么做。"硅谷银行与我们切断关系的确是生死存亡的时刻。"回忆起币基紧张动荡的日子时，奥拉夫谈道。这也导致马蒂娜和布赖恩之间长期存在的紧张关系一触即发。布赖恩给了马蒂娜一个下午的时间让她收拾东西走人。

• • •

币基计划在 2015 年开始快速恢复，但直到 2015 年底，公司仍像是一辆老旧的雪佛兰汽车一样，陷入停滞状态。币基的董事会成员变得烦躁不安，他们鼓动布赖恩"转向"（pivot）。"转向"是硅谷流行的一个术语，意思是"我们正在做的事情行不通，所以试试别的"。在某些情况下，这种方法的确有效。例如，Slack 曾经是一个失败的电子游戏网站，它是在"转向"之后才成为价值数十亿美元的办公信息平台的，同时爱彼迎开始尝试为会议提供场所。然而，"转向"往往只是初创公司倒闭前的最后挣扎。

就币基而言，董事会希望公司转向企业区块链——这是加密领域中一种风靡一时的技术，诸如 IBM（国际商业机器公司）和微软等公司都提供了比特币著名分类账技术的私有化版本。这相当于由少数公司控制的"会员专享"区块链，可以在不创造或使用货币的情况下创建防篡改的交易记录。

布赖恩断然拒绝了。他创立币基是为了传播中本聪的新愿景，即在免许可的全球总账上运行新型货币，而不是为了建立公司数据库。如果说比特币是一匹在野外草原上奔腾的骏马，那么企业区块链就是一匹起伏的旋转木马。布赖恩认为，币基就算失败，也不会转向企业区块链。

不幸的是，理想主义对币基的盈利没有任何帮助。公司中 35% 的工程师不再抱有幻想，选择退出公司并寻找下一个硅谷热点。随着 2015 年接近尾声，币基将不得不选择裁员。过去，通过财务管理，布赖恩和弗雷德为公司预留了两年的现金储备以应对危机情况，但现在资金正迅速消耗。在一次严峻的会议中，他们意识到除非裁掉 40% 的员工，否则公司将会彻底失控，只能等待奇迹的降临了。在 2015 年萧条的日子里，布赖恩和弗雷德窝在市场街的币基办公室里，草拟了一份很长的裁员候选人名单。这可不是小修小剪，而是通过紧急截肢手术来保障公司的偿付能力，但接下来的某件事情让他们喘了一口气。

2015 年 10 月末，比特币价格在当年首次突破 300 美元，而在 11 月则达到了 400 美元，然后暴跌了 25%。到 12 月，它再次攀升至近 500 美元，此时布赖恩和弗雷德意识到他们等待的奇迹已经到来。更高的价格意味着币基能获得更高的佣金和更多的银行资金。锦上添花的是，比特币的最新运作引起了媒体的广泛关注，为币基吸引了一大批新客户，布赖恩和弗雷德可以删掉裁员名单了。比特币重新受到了关注，币基办公室里的气氛又活跃起来了。

第六章 —— 〇 内 战

令人期待已久的比特币价格反弹持续到了 2016 年，这给币基带来了喜人的安慰。但当作为比特币基石的部落派系互相攻击，甚至以前所未有的方式攻击布赖恩时，丑恶之事正在更广阔的加密货币世界中酝酿着。比特币的重新繁荣本应值得庆祝，但这却加速了一场酝酿已久的冲突。

冲突的根源很简单，也就是如何处理拥堵的比特币网络。网络上的用户数量呈指数级增长，但支持他们的基础设施却保持不变。这是一个问题，因为更多的用户意味着更多的交易，而交易只有记录在区块上，并被添加到比特币的区块链中才能被官方认可。通常只有约 2 000 单交易可以记录在一个区块上。随后的区块每 10 分钟增加一次，溢出的交易就必须被添加到之后的区块里，而这只会造成更严重的积压。这就像越来越多的人从扬基体育场涌出，试图挤进一趟单向地铁里一样。

就币基而言，速度减缓并没有影响客户在币基的账户间进行比特币交易，因为网站在内部完成了这些交易。但有关第三方的所有付款都困在溢出队列中，因为交易双方都必须等待交易信息出现在更新速度缓慢的区块链上。对于投资比特币的人来说，这并不会阻碍其交易。但是对于那些使用比特币买一杯咖啡的人来说，这种积压意味着购买一杯咖啡可能需要1个小时或更长时间才能完成。无须多言，只有靠比特币生活了3年的最顽固的加密货币信徒，比如币基的奥拉夫，才会宁愿用比特币支付，而不刷信用卡、使用移动支付或者付现金。显而易见的事实是，比特币又慢又昂贵，以至于无法替代现金或信用卡在零售商中流行。

多年来，比特币从业者一直在谈论这个缺陷，以及讨论如何处理向数百万用户"扩展"服务，其中有一些人已经提出了解决方案。布赖恩认可的一个显而易见的选择是，更改比特币的代码，以便将区块链上每个区块的大小从1兆字节增加一倍到两倍，从而使每次更新记录的交易数量增加一倍。要是等火车的人太多了，就增加双层车厢，这和区块规模的增加是一个道理。

从数学上讲，更改代码在解决积压方面颇有成效，但是比特币编码人员的其中一个派系却没有选择这样做。在加密社区的众多派系里，这个被称为"比特币核心"（Bitcoin Core）的派系最具影响力，因为他们维护和扩展了中本聪最初的一批代码。这 100 个左右的开发人员构成了比特币与立法机关最密切的联系。通常，他们调整比特币代码时，用户就会接受更改。其中著名的成员还包括彼得·伍尔。他是一个头发乱糟糟的比利时人，拥有计算机科学博士学位。尽管他和其他开发人员一样都喜欢保持低调，习惯秘密达成共识后再进行操作来改进代码，但他还是非常有名。

比特币核心反对更大的区块，因为更大的区块对中本聪重视个人而非机构的比特币愿景构成了潜在威胁。在他们看来，开采 2 兆字节区块的成本会更高，因此那些在计算能力的提升上花销更多的人会更有优势。通常，机构比个人拥有更多资源。

这是一个合理的观点，这种技术上的争议通常会在委员会里、专栏上和幻灯片展示中得到解决。但这是比特币的世界，因此这种争论变得狂热而虔诚。2 兆字节大区块的支持者与反对他们的小区块支持者之间的争端很快演变成了线上的"盐土战争"。

小区块的支持者极具攻击性，密谋着要让敌方无法进入讨论此事的社交媒体论坛。币基作为他们眼中最强大的大区块支持者，遭到了他们在服务器上发起的拒绝服务攻击。此外，他们甚至把矛头转向了自己人，驱逐了迈克·赫恩。迈克·赫恩是一位谷歌前员工，也是中本聪的盟友，早期帮助其建立了比特币网络。遭到驱逐后，赫恩将局势描述为公开内战。

劳拉·辛是《福布斯》杂志的记者，致力于建立一个具有影响力的加密货币播客系列。她曾就 2016 年围绕区块规模的战争写道："有关比特币的推特文章像一锅有毒的炖菜，充满了谩骂、煽动、欺凌、封锁和威胁。有的争执会持续数月，争执的推文下的评论会达到数百条。有的推文或评论简直老掉牙了，却还能作为被斥责的对象；有的人引用中本聪的话支持自己的观点，但他们的引用简直是断章取义，甚至是胡话连篇。"

布赖恩是受欢迎且容易受到攻击的对象。比特币的意识形态信徒长期以来一直抨击他，认为他创建币基只是为了赚钱。在他们看来，这家公司不应该存在，因为它没有给予用户钱包私钥的控制权，而是提供了集中式管理服务。既然布赖恩已经成为大区块赞同者的代言人，那么小区块狂热者就有了另一个攻击他的理由，同时也有理由对过去的集中式管理做出尖刻无情的批评。

加密咨询公司区块流（Blockstream）的高管缪永权是小区块比特币核心支持者的盟友，他说："很多人认为这个家伙不知天高地厚。如果你看看历史，就会知道布赖恩为了争取大区块屡屡自相矛盾且屡屡落败。"

缪永权的批评可以说是客气的。在社交媒体和布赖恩常看的 Reddit 上，有关他的批评则要粗俗得多。与硅谷的大多数人不同，布赖恩不常关注 Techmeme 和 TechCrunch 这两个提供行业新闻和八卦的网站，更喜欢 Reddit 和黑客新闻

（Hacker News）的喧闹氛围，这些网站鼓励用户分享头条新闻，并就他们最喜欢的主题（包括加密货币）进行讨论。自币基成立以来，布赖恩和弗雷德一直渴望参加这些辩论，解释和捍卫公司的决定，并与粉丝和评论家聊天。但在2016年关于区块大小的辩论中，讨论出现了更黑暗的转向。Reddit上一个受欢迎的区块链论坛审查了布赖恩和币基的所有支持者，而匿名挑衅者则对币基的网站进行了黑客攻击，甚至对公司高管发出了死亡威胁。

这种行为很极端，尽管身在币基对安全有所担忧并不是什么新鲜事，这种忧虑可以追溯到公司还设在布鲁索姆街的时候，那时闹事的人和无业游民会在公司外面游荡。2014年，币基就雇用了曾在脸书担任安全总监的瑞安·麦格南。麦格南在币基被称为"马古"①（Magoo），他担任布赖恩的保镖并一直监视线上的威胁。

加密货币的性质意味着犯罪分子遍布整个社区。随着比特币价格的增长，世界范围内的犯罪企业存在着同样的情况。抢劫和绑架变得更加普遍。麦格南在币基的继任者菲利普·马丁十分多疑，这也不难理解。"绑架行业出现了新花招。懂加密货币、了解币基，而又愿意使用暴力手段达到目的人

---

① 马古是电影《脱线先生》中的主人公，马古先生是一位近视相当严重的富翁，常常身陷险境却全然不知，不过最后总能化险为夷，因而引发了不少妙趣横生的故事。——编者注

逐年增多。"马丁说。

同许多安保人员一样，马丁是一名退役军人，但他同时也是一名计算机怪才。招聘人员承诺他可以使用高科技软件，于是他加入了反情报部门。"他们说的都是假话。根本没有计算机。"马丁气愤地哼了一声。尽管如此，在非洲、拉丁美洲和伊拉克的旅行中，他的反黑客技能还是得到了磨炼。在币基，他继续与黑客做斗争。这些黑客有的来自资金匮乏的政府军方，那里的士兵靠抢劫比特币来养活自己。

为了防贼，马丁开发了精妙的安全方案来存储币基的加密储备。显而易见，他不会道出其中的细节。不过，众所周知，其中一个系统涉及一组精心挑选的获得授权的人员，他们要收集并获取隐藏在金属盒中的数字密钥，这些金属盒可以偏转互联网信号。此外，访问比特币的密钥散落在多个秘密的位置。"我们的理念是'需要阴谋'。"马丁解释说。这意味着只有多人合作才可以未经授权就访问币基的加密储备，而这实际上是不可能的。

尽管采取了所有预防措施，但马丁最担心的是无知又暴力的人。"有些人对加密货币有一点了解，但还不足以知道我们在币基中没有保留这些密钥的空间，这些人是最令我担心的。"他说。

面对不断上升的安全威胁浪潮，布赖恩保持着冷静的态度。大区块支持者和小区块支持者之间的斗争达到顶峰，币基被黑客入侵，布赖恩本人也受到死亡威胁，这段时期被人们称为内战，而那时他把这场争论描述为比特币世界的选举，但是他的耐心逐渐被消磨。

在佛罗里达州圣露西港一家名为"地中海俱乐部"的华丽夜总会里，聚光灯旋转着，DJ（打碟者）播放着糟糕的电子音乐。在夜总会里，布赖恩穿着他常穿的牛仔裤和紧身 T恤，与李启威坐在一起。他们参加了中本聪圆桌会议，这是数十位具有影响力的比特币从业者的年度聚会。这一年的圆桌会议有一个崇高目标，至少是理论上的目标：结束内战。实现目标需要找出大区块支持者和小区块支持者之间的矛盾，以达到双方的共赢。但实际上，这不过是一场兄弟聚会，会上都是呆子似的秘密派系里的成员。

有一个 YouTube 视频记录了这个圆桌会议，拍下了两个人的醉态。这两个人自称主持人，还对同样醉醺醺的与会者进行了虚假的采访。比特币世界中最糟糕的讽刺漫画成真了。每个人都显得笨拙而傲慢，而且聚会里几乎都是男性，与会者大部分是白人。布赖恩拒绝接受主持人的采访。其他人因此恼羞成怒，他们带着一种恐同的情绪幼稚地对其冷嘲热讽。他们在直播中说："布赖恩看起来有点像男性的生殖器，如果你喜欢那玩意儿，就会认为他是个漂亮的男人。"他们还进行了一些诸如此类的冷嘲热讽。

布赖恩和李启威参加圆桌会议是希望为愈演愈烈且难以解

决的比特币问题找到真诚的解决方案，但他们最终绝望地离开了会议。"一些小区块支持者表现出低下的沟通能力，思想和行为都不大成熟。"会议结束后，布赖恩在博客上发表了一篇文章，他写道："高智商不足以让一支队伍取得成功，你需要做出合理的权衡，乐于合作，为人友好，善于沟通，并能与人和谐共事。"

这就是典型的布赖恩，清醒而理智。这篇博文反映了他习惯以书面形式表达自己的观点，通过这种方式，他才能自在地梳理自己的想法。（与大多数高管不同，布赖恩不靠公关人员来撰写博文。）他认为，这可以使他与员工和公众在沟通中避免歧义。但不幸的是，比特币核心的用户并不喜欢这些慎重的文章，尖酸刻薄的评论在推特和 Reddit 上持续发酵。

"智商高有什么用呢！你根本不成熟，也不善于沟通。你是比特币的核心规划师，却又给比特币带来了系统性风险。"一位 Reddit 用户写道。还有一位用户高呼布赖恩写的短文"弱智"，其他人开玩笑地说布赖恩患上了阿斯佩格综合征，另有一群人散布谣言说布赖恩买水军发一些对自己有利的帖子。因此，布赖恩的博客完全陷入了狂热的比特币社交媒体沼泽。

• • •

在中本聪圆桌会议崩溃后不久，布赖恩和李启威进行了一次秘密的北京之旅。事实证明，向比特币核心的用户群体发出呼吁是无望的，因此他们希望转向另一个有影响力的派别，即向中国的比特币矿工证明大区块的合理性。

中国投资者进入比特币市场的时间较晚，但截至2015年，中国已经主导了比特币采矿业务。中国矿工部署了大量服务器农场和廉价劳动力，利用其超强的计算能力赢得了每10分钟添加到区块链中新比特币的最大份额。这使他们获得了财富和影响力，并让他们对不断发展的比特币架构有了很大的发言权。

一位名叫吴忌寒的神秘企业家领导了中国比特币采矿派系。他和同事们用较为廉价的煤炭为其计算机的运行提供动力并创建大型采矿池。吴忌寒的公司还出售使用定制芯片制造的计算机，这些芯片旨在应对比特币越来越复杂的算法。"吴氏帝国"是一股强大的经济势力，同时也拥有影响这场区块辩论的政治力量。至少从外部看，他们似乎保持中立。

这场辩论在高档酒店的一个房间里进行。参与人员包括中国比特币经济的关键人物，其中有李启威的哥哥李启元和来自马萨诸塞州的开发者加文·安德烈森，安德烈森在早期曾与中本聪合作构建比特币代码。布赖恩在进入房间前提出了其方案，事实证明，情况很差。

"中国人不喜欢坐在一个拥挤的房间里进行公开而激烈的辩论。"参加会议的20多个人中的某个人说，"布赖恩和其他西方人都在进行公开辩论，中国人往往只是倾听。中国人习惯在小团体里达成协议，然后倾听。"

布赖恩的演讲给人的印象是专横而傲慢。币基正在尝试征服美国加密市场，但这个房间里的中国企业家建立的交易所比布赖恩的还要大，而且他们中的许多人已经启动了主要的比特币采矿业务。"中国企业家身处一个竞争更加激烈的市场，"一名参会者说，"在中国，竞争很残酷。这种残酷会让你大开眼界。"然而，布赖恩却给中国企业家做了一个关于比特币应该如何运行的讲座，他低估了亚洲顶级加密货币参与者的精明和影响力，而事实证明，这不是他最后一次犯错。

布赖恩和李启威给中国投资者提出的建议没什么价值。吴忌寒和其他比特币矿工仍然支持比特币核心和小区块，因此，币基没能成功推广 2 兆字节的大区块。这场麻烦给布赖恩带来的只有沮丧和社交媒体上挑衅者的斥责。

• • •

2016 年初这场有关区块规模的激烈争端永远不会得到解决。比特币区块链上的处理时间将变得更加漫长。最终，记录某些交易将需要一天以上的时间，比特币成为流行支付工具的梦想几乎破灭了。但与此同时，关于区块规模的闹剧仍在日复一日地上演，而惊喜却潜伏在其中：比特币的价格正在反弹，加密货币正前所未有地蓬勃发展。

事实证明，比特币信徒是对的。加密货币正在改变世界，只不过不是像人们想象的那样。中本聪的创举未能颠覆中央银行和信用卡行业，但比特币现已成为黄金的竞争对手。

就像"金虫"把囤积贵金属作为政府崩溃的对冲手段一样，被称为"囤积客"（hodlers）的人们正出于同样的原因囤积着比特币。"囤积客"一词源于一个醉酒的比特币投资者。在留言板上聊天时，他将"I am holding"（"我持有"的正确拼写）错写成"I AM HODLING"。很快，就像行话里"Lambo"代表兰博基尼，"rekt"代表毁灭一样，"囤积客"也成了加密术语中必不可少的词。

在此期间，各个比特币派系放过了彼此。内战本身并没有结束，但随着加密狂热者将注意力转向"淘金热"和致富，局势得以缓和。如果你只是一个想要发财的囤积客，又何必为了交易时间而斗个你死我活呢？囤积客可以为了等待收支总账更新而熬上一天。

· · ·

然而，相比于比特币的反弹，更重要的事情是出现了一个名为以太坊的公共区块链平台，其专用加密货币叫以太币。2012 年，布赖恩首次走进 Y Combinator 建立币基，而一年半之后以太坊的构想已经出现在了类似中本聪的白皮书中。相比于比特币的大区块支持者和小区块支持者在 2015 年互相咒骂，甚至向彼此发出死亡威胁，以太坊的支持者社区将以阳光而和谐的形象与公众分享一种新货币。相比之下，以太坊也享有某种特殊优势，它拥有一位公认的领导者，这位领导者是一位少年得志的创始人，他也将成为继中本聪之后加密货币领域最著名的人物。

第二部分

从繁荣到泡沫再到萧条

第七章

——。走进以太坊

维塔利克·布特林身材瘦削，面色苍白，说话温柔，爱穿印着"小马宝莉"图案的 T 恤。他是俄罗斯移民的后代，在多伦多郊区长大。

很小的时候，他便意识到自己与身边的孩子不同。他痴迷于数字，小时候最喜欢的玩具便是 Excel（电子表格软件）。从一张早年的照片中，可以看到幼年的维塔利克站在椅子上，正往电子表格里敲数据，满脸幸福。

十几岁时，他行为古怪，时常穿着不成双的凯蒂猫图案的袜子，爱连皮吃柠檬。在自由论者的父亲德米特里的强烈推荐下，他对名为比特币的加密货币产生了兴趣，很快为之着迷。尚在读高中时，他便推出了一个名为"比特币杂志"的在线信息平台，吸引加密货币的爱好者付费阅读他关于数字货币和密码学的文章，以此作为副业。高中毕业后，维塔利克凭借自己的收益环游世界，其间与许多同样对比特币和比特币改良怀有大胆预想的有志之士进行交流。他到访了阿姆斯特丹、特拉维夫以及比特币的起点——旧金山。

在旧金山，与其他人一样，他也去币基位于布鲁索姆街的办公室溜达了一圈。他遇见了李启威。同为数学天才的李启威为维塔利克的比特币杂志投资了 1 万美元。旅行期间，维塔利克还自学了中文。

在这场环球之旅中，维塔利克所遇之人，使他更为确信未来比特币会有更好的发展。同大多数人一样，他意识到中本聪创设的比特币虽然匠心独具，但也不乏局限性。其中，最明显的就是其扩容难题。即便在比特币内战后，由于区块有限，短时间内需要处理的交易过多，比特币网络仍时常出现堵塞问题。

除此之外，比特币也缺乏通用性。分类账簿只能记录交易和短消息，却无法对其进行编码以执行更复杂的任务。另外，比特币新奇的编码语言亦是难题。中本聪使用的脚本语言过于复杂，因而开发人员若想正确掌握比特币的内部机制，就需要研习计算机科学，其难度不亚于学会古希腊语或拉丁语。

加密圈对此谈论不休，有人说是时候推出区块链 2.0，以解决比特币的缺陷并将此项技术推广至新的领域了。2013 年，也就是在中本聪发表白皮书的 5 年后，区块链 2.0 时代即将来临。这一任务将由年仅 19 岁的维塔利克实现。他写了一篇 9 页纸的论文，概述了一种名为以太坊的新区块链。

维塔利克说话温柔，为人友善。除了相貌奇特之外，他和普通的戏剧怪人并无区别。但是，他是加密世界中的神。加密技术痴们尊称他为"我们的外星领主"和"拯救世界于中心化集权的天才外星人"。

本质上说，以太坊与比特币提供的是相同的东西——数字货币和不可篡改的记录，但以太坊克服了比特币的局限性。相较于比特币，以太坊处理交易的速度更快，并允许"智能合约"运行，即一种在区块链上运行的新型运算。

智能合约是这样运行的。想象一下，你和我在明天的棒球比赛上下注，我们以智能合约的形式在以太坊区块链上下注。为了确定下注的结果，智能合约需要咨询一位中立、可靠的第三方，以确认谁赢得了比赛。在模拟时代，这个第三方权威就会是报纸或一位热爱体育的朋友。在智能合约世界中，第三方权威是一种被称为预言机（oracle）的中立在线数据源。在我们的例子中，它可以是与 ESPN（娱乐与体育电视网）或美国职业棒球大联盟等类似的网站。实际上，比赛一结束，以太坊智能合约将咨询其中一个网站，并完成最后一步，支付相应赌注。

得益于以太坊的创造，区块链所涵盖的不仅是数字货币。如今，它更是一个一站式商店，人们可以在这里签署从体育博彩到投资协议，再到数据存储等任何事情的智能合约，并且该合约由计算机负责执行，而非律师。从这个意义上说，它类似于苹果公司为开发人员提供的开源平台，使开发者得以在 iOS（苹果公司开发的移动操作系统）上构建应用程序。以太坊就像一个加密操作层，它将关键信息记录到区块链中，并允许其他人在其之上构建智能合约项目。与比特币不同，以太坊为任何想要构建应用程序的人提供了一种易于学习的编程语言，也就是 Solidity（一种契约型编程语言）。

智能合约的出现是加密社群的意外之喜，它证明区块链技术不仅仅为新型货币提供了技术支持，更具有惊人的现实意义。以太坊能够重塑任意数量的、任何涉及合同的金融和法律活动。

它允许个人依靠区块链获得安全、快速、可扩展的协议。以太坊很快引起了大型公司的注意，它们意图在以太坊之上建立自己的应用程序。IBM 采用以太坊的某一版本以跟踪客户身份，而沃尔玛则使用区块链以跟踪从中国到美国的猪肉运输情况，银行也曾使用私有链进出资金，甚至美国各州政府也采取了行动，如佛蒙特州就已试用区块链，以记录、跟踪和转让土地所有权。以太坊具有无限可能。

然而，企业兴趣骤增并不在维塔利克的计划之中，也并非他所期待的结果。对他而言，以太坊的目的不是帮助大型公司从中牟利，而是通过在去中心化的网络上提供服务来瓦解它们。例如，消费者可以使用以太坊的智能合约来跟踪所有内容，依靠世界各地的计算机网络来存储文件，而不是只使用Dropbox或谷歌。投资者可以在以太坊上创建自动化服务，以根据智能合约的条款进行投资和支付资金，而不是依赖于美国富达投资集团或先锋领航集团。在维塔利克看来，以太坊不仅是一项新技术，更是一种重置全球权力结构的方式。

他在《连线》杂志的访谈中说道："说到底，权力是一种零和游戏，如果说要赋予小人物权力，或者说想用华丽的术语来修饰它，让它听起来空洞而美好，那么必然会削弱大人物的权力。就我个人而言，我会说'去他的大人物'。他们已经足够有钱了。"

这不仅仅是计算机迷的幻想。以太坊网络启动运行后不久，一个名为DAO［全称为"Decentralized Autonomous Organization"（去中心化自治组织）］的投资平台众筹到了1.5亿美元。它必须把这笔钱递交给一份智能合约，而后该合约会根据某一公式进行项目投资。

该公式将DAO平台参与者对于给定项目的投票数纳入考虑，但与此同时，选票和参与者都是匿名的。整个操作程序部署于以太坊上，其区块链会记录谁拥有什么并支付相应利润。该项目很快启动并运行，计算机也根据智能合约的条款开始操作。去他的大人物。

但不久后，危机突发。DAO上线两个月后，也就是2016

年 6 月，黑客利用程序代码里的一个漏洞，从资金池里分离了资产。几分钟之内，DAO 的投资者们损失了 5 000 万美元，但由于智能合约的运行原则，这种损失无法弥补。人们相信机器一定能大幅提高效率并创造巨大的可能性，但这却否定了人类社会安排的价值。这种错误认识在硅谷的技术乌托邦世界中十分常见，企业家往往无法以创造性破坏的名义解释他们可能对人类造成的伤害。脸书连接了世界，同时破坏了民主选举。YouTube 建立了一个任何人都可以使用的大型广播系统，但同时也打开了充满谎言和阴谋论的潘多拉盒子。同样，DAO 事件全面呈现了维塔利克技术不可思议的力量及其不可忽视的阴暗面。

有一种激进的方法可以拯救 DAO 的投资者：及时回头。分类账簿是不可更改的，但如果分类账簿上的每个人都同意，就可以对其进行更新以阻止黑客的盗窃行为。该措施要求运行以太坊区块链的每个人都引入一个更新，该更新将创建一组新的区块，以销毁黑客的非法所得，并将其返还给 DAO 的投资者。正是这条相当于宪法修正案的区块链，既改写了以太坊原则，又篡改了账簿记录。因此，旧原则或许就从未存在过。

这一情况让维塔利克在拯救 DAO（以太坊最著名和最重要的早期实验之一）和维护区块链诚信精神间左右为难。最终，他同意发挥自己的巨大影响力，说服运行以太坊网络的人重写区块链，从而挽救了投资者的损失。2016年7月20日，以太坊网络执行了"硬分叉"，这在本质上就是把火车倒回一个分岔口，扳动控制杆，让所有车厢都行驶到另一条轨道上去。虽然大多数人都追随维塔利克，认可以太坊区块链的新版本，但也有一些人拒绝承认这一新秩序，仍以火车作为比喻，这意味着他们将继续沿着原来的轨道行驶。反对者坚持认为，代码就是原则，分类账的更新是无可辩驳的，并且不论结果如何，人为干预都是不合理的。拒绝"硬分叉"的社区继续建立在名为"以太经典"的原始区块链以及与之相关的数字货币上。如今，曾为一体的以太坊和以太经典开始独立运作，并且两者都越发强大，虽然前者的价值是后者的40倍——2020年中期，以太坊的市值已超过450亿美元——但两者都是每15秒左右在各自的区块链上添加一个区块。

DAO的崩溃让以太坊的信誉受到了暂时的损害，但并不阻碍其稳步增长。它仍是比特币的头号竞争对手。智能合约的强大功能让人们对维塔利克的以太坊充满了热情，但以太坊也拥有自己的货币，也就是以太币，其开采和交易方式都与比特币类似。设计的精妙之处在于，任何人想要执行智能合约都必须花费少量的以太币作为"燃气"，以使其正常运行。这意味着不管是在以太坊投资的投机者，还是软件开发人员，在日常业务运营中都必须为此付费。以太坊就像一块上好的地产，想在这里开店的人都必须缴纳一小笔税款。

以太币的价格开始疯涨。2016 年初，以太币的售价为 95 美分，而截至 6 月，其价格已涨至 18 美元。如果将比特币比作数字黄金，那么以太币就是数字白银。同时，包括币基董事会成员克里斯·狄克逊在内的风险投资家，也开始注意到以太坊改变世界的潜力，并且颇为赞赏。这就像是 2013 年比特币狂热的历史再现，但这一次远不只局限于数字货币，而是在更大程度上关注以太坊如何改变商业、互联网乃至社会本身。

以太坊的崛起使币基总部大受鼓舞，却也忧心忡忡。加密界群情激昂，但布赖恩等人对此心存疑虑。他们想知道以太坊是否会出故障。自 2009 年比特币发布以来，一系列加密货币接踵而至，但只有比特币显示出真正的持久力。比特币不仅占据行业第一的宝座，而且拥有一个将其视为可长期持有资产的全球支持者网络。更重要的是，比特币久经沙场。多年来，黑客们一直试图找到代码的漏洞以盗取资金，却从未成功——即便他们曾敲诈过交易所和加密货币的个人持有者，但对于篡改至关重要的比特币分类账，依旧束手无策。其他加密货币也都被黑客入侵和劫持过。然而，以太坊不仅被黑客入侵过，其分类账也被故意篡改了。此外，买卖比特币一直是币基的主要收益来源，因此，偏离公司的核心任务，转而投身于尚未得到验证的替代方案中，反而是搬起石头砸自己的脚。

布赖恩的搭档弗雷德则不这么认为。一次上海之行使弗雷德确信，以太坊和智能合约是未来发展趋势。他认为以太坊有着强劲的势头，不仅掌握着比特币所欠缺的技术，而且与比特币不同的是，以太坊的内部人士并未耗于内战。

在一场关于区块规模的争论之后，弗雷德将维塔利克把控下的团队情况与比特币团队群龙无首的糟糕境地做了鲜明对比。他在一篇博文中写道："以太坊的核心开发团队是健康的，而比特币的团队则是不健全的。"弗雷德所说不无道理。中本聪圆桌会议上的血雨腥风已用事实证明，用"不健全"来形容监管比特币运行的高层领袖集团再合适不过了。毫无疑问，随着年轻的开发人员涌入以太坊，围绕其构建的完整社群也大批涌现，其中就包括坐落于布鲁克林的 ConsenSys（全球性区块链技术公司），以太坊发展得顺风顺水。

尽管弗雷德只是在陈述事实，但并不意味着比特币的忠实拥护者会放任他不管。弗雷德对以太坊的公开宣传，引起了大批推特和 Reddit 上比特币追随者的愤怒情绪，称他为叛徒（而且是再犯），更有甚者在比特币论坛上公开谴责弗雷德是"高盛集团的托和人渣"，而其他评论则兴高采烈地大肆宣扬与附和。

"人们讨厌我，是因为他们以零和方式看待比特币。"弗雷德回忆道。他觉得这种想法很愚蠢。事实上，支持以太坊并不意味着背叛比特币。其他区块链的崛起意味着新机遇，更何况，即便比特币处于艰难阶段，它仍能凭借其血统和声望处于统治地位。加密宇宙正不断扩张，许多区块链项目将迎来新的发展空间。

然而，币基的一些人，包括布赖恩在内，仍未被说服。当弗雷德看着其他加密货币交易所都添加了以太坊交易，而币基还在犹豫不决时，他坐立难安。如果币基将以太坊拒之门外，那么这将是一个"教科书级"的战略错误，类似的商业案例也屡见不鲜，例如微软公司前首席执行官史蒂夫·鲍尔默曾对苹果手机不屑一顾。2007 年，鲍尔默就曾夸夸其谈，大肆嘲讽售价 500 美元的新苹果手机将一台都卖不出去，同时还表示在坚不可摧的 Windows（视窗操作系统）堡垒中，微软将会控制移动市场。鲍尔默的傲慢让微软在科技荒野中原地踏步了 10 年。弗雷德不想让币基重蹈覆辙。

在币基位于旧金山的一间拥挤的办公室里，一场争论进入了白热化阶段。弗雷德在布赖恩和许多老员工面前进行了长达 45 分钟的激昂演说。他呼喊道，公司必须上线以太币。他脚步坚定，来回踱步，引用他最喜欢的句子，大声地向他的同事们呼喊着："我们一定要这样做！我们一定要建成它！我们一定要不惜一切代价！"

或许因为弗雷德曾是运动员，而且是前卫，所以他精神气十足，也正是他演说中体现的昂扬斗志让他在这场争论中大获全胜。这让奥拉夫终于松了一口气，几个月以来他一直在关注以太坊的崛起，并一再提议公司上线以太币。如今，公司终于采取了行动。以太坊将是一个重要的里程碑。

但奥拉夫并不会参与其中。

．．．

随着币基不断成长，奥拉夫的挫败感也随之而来。币基还是一家小型初创公司时，这位来自明尼苏达州的与众不同的年轻人便在这里找到了家的感觉。在一间破烂不堪的办公室里，大家为了共同的事业齐心协力。从某种程度上说，这种氛围与他当初离开的霍尔登镇并无二致。那是一个位于美国西北部太平洋沿岸乌托邦式的伐木场。但随着币基的不断发展，公司里的官僚主义也越发盛行，奥拉夫对此十分厌恶。

现在，他是币基风险管理团队的负责人，日常需要领导数十个人。这个工作让他不胜其烦，他讨厌管理别人。他的脑海里有更伟大的想法。正如许多其他加密货币项目一样，以太坊的出现深深吸引了他。这些项目扩展了智能合约和其他新形式区块链技术的可能性，让他颇为着迷。

正是在这段时间里，他明确了自己的下一步计划。他将推出一个加密对冲基金，代表投资者管理数亿美元，这一概念要是在一年前提出，光听上去都会让人觉得不可思议。奥拉夫甚至连名字都想好了，叫作多链资本（Polychain Capital）。事实上，他看起来就很像一位加密对冲基金经理，即使人们并不知道加密对冲基金经理应该是什么样的。传统的对冲基金经理大都穿着背带裤和定制西装，而奥拉夫爱穿T恤或颜色鲜艳的运动套装，戴着巴洛克羽毛装饰压发帽，这让他的金色头发显得十分整齐。

奥拉夫迫不及待地想把这个消息告诉布赖恩和弗雷德。他邀请了这两位老领导，又或者说是两位旧友参加下午7点的会议。两人将目光投向了奥拉夫，他们感觉到有什么事情要发生，对奥拉夫说："你说吧。"他如实说了。布赖恩不想失去币基的第一号员工，他甚至还写了一封挽留信。但最后，他还是选择接受奥拉夫决定乘着下一个加密浪潮独自前行的事实，并祝愿他一路顺风。奥拉夫是币基早期核心团队中第一个离开的人。他不会是最后一个。

· · ·

2016年5月下旬，币基终于做出了决定，宣布将把以太币作为第二种货币添加到去年推出的专业交易员交易所中。为了纪念这一时刻，该公司将交易所更名为GDAX，即"全球数字资产交易所"（Global Digital Asset Exchange）。两个月后，币基宣布零售客户将能够买卖以太币。

币基为 GDAX 的发布举行了庆祝活动，像是在自我安慰说"迟到总比没有好"。在公司还在为是否推出以太币而瞻前顾后时，其他美国交易所早已捷足先登。其中就包括克拉肯（Kraken），这也是一家总部位于旧金山的加密货币商店，由杰西·鲍威尔——一个脾气火爆、长头发的自由论者经营。

2015 年，克拉肯不仅提供了以太币交易，还引入了其他交易功能，例如保证金交易和暗池（这让大宗交易的保密性得以保证），而此时币基的领导层仍一心扑在内战上。温克勒沃斯兄弟也是以太坊的玩家，他们从 BitInstant 损失惨重的交易中吸取了教训（BitInstant 的首席执行官已锒铛入狱）。因此，这次他们建立了一个循规蹈矩的加密货币交易所，名为"双子星"（Gemini）交易所。参考币基的策略蓝本，双子星交易所以一项体制完善的华尔街业务为定位进行推广，并且与监管机构一直保持着良好的关系。这一新交易所快速寻得发展动力，并且像克拉肯一样，在币基之前就支持了以太币交易。

布赖恩对"公开的秘密"的洞察，即普通人需要一种简单的方法来购买比特币，为币基早年取得的巨大成功铺平了道路。它让该公司利用先发优势，成为零售客户购买比特币的首选服务商。如今，随着各加密货币摩肩接踵步入以太坊和团体投资者的新时代，币基面临着尴尬的处境——现已落后于人，亟须迎头赶上。

第八章

———

。华尔街的召唤

人们不难看出，为什么比特币会首先在硅谷流行开来，因为只有硅谷才有数目如此众多的自由主义者，拥有技术能力，并愿意接纳一些异想天开的事情，比如一个去中心化的全球性数字货币系统。硅谷一代又一代的发明家所承袭的商业文化，也成了孕育比特币的绝佳条件。自 20 世纪 30 年代以来，加利福尼亚州的这个特殊地带就涌现出一批企业家，其事业又启发了其他同行，推动着科学技术向前发展。其中就包括年轻的史蒂夫·乔布斯。当他被问及为什么在 20 世纪 60 年代花大把的时间和半导体先驱者待在一起时，他虔诚地谈到了那些人身上的魔力。"我想要看到硅谷的第二个美好时代，那就是半导体公司进入计算机领域。除非了解历史，否则你不可能真正了解现在。"这位苹果公司的创始人曾对历史学家莱斯利·柏林说道。

人们要想了解比特币，就必须了解它之前的故事，特别是一群被称为"加密朋克"的技术专家。["加密朋克"的英文单词（cypherpunks），由"密码"（cipher）和"赛博朋克"（cyberpunks）两个单词拼缀而成，正如一位观察员所说，"赛博朋克"这一科幻概念是"高科技和低生活品质"的结合。赛博朋克长期与黑客文化联系在一起。] 1992 年，硅谷的一群"加密朋克"定期在软件活动家约翰·吉尔摩的办公室会面，讨论如何提高互联网的安全性。吉尔摩是电子前哨基金会（美国公民自由联盟的网络版本）的联合创始人。他们的讨论还发展到了线上。在线上，他们谈论如何将互联网理想化的安全性和匿名性扩展至货币领域。到 2009 年比特币发行时，比特币的维护和运营实际上已经由本土的社区来完成了，这其中就包括币基。"加密朋克"之于布赖恩和弗雷德，就像是半导体先驱者之于乔布斯一样意义重大。布赖恩表示："我认为币基不会在硅谷以外的地方取得成功。无论是在这里遇到弗雷德，还是在谷歌遇到李启威，都不是偶然的。我去硅谷是因为那里是下一代人才的孕育之处。"

硅谷能向充满理想主义的年轻发明家提供的东西有很多，比如文化、创新、人才和历史，但它仍然缺少一样东西，那就是将比特币等发明纳入主流所需的深厚资本和金融基础设施的储备。一个多世纪以来，美国乃至整个世界真正的货币中心一直保持不变，那就是华尔街。

曼哈顿下城的那条半英里长的道路，被誉为"以墓地开始，以河流结束的街道"，其周围环绕着满是摩天大楼的街区。这些摩天大楼掌握着开启数万亿美元资本大门的钥匙，包括对冲基金、养老基金、私募股权公司、家族办公室等。即使是在比特币推出 7 年后的 2016 年，也很少有资本流入加密货币经济。

尽管加密货币在其拥趸和信徒的封闭社区中蓬勃发展，但以布赖恩为首的一些人认为，只有当银行和其他大型金融机构认真对待比特币时，真正的重大突破才会到来。这些机构一直在寻找标新立异的投资项目来丰富客户的投资组合。他们将资金投入创造性的对冲策略、新兴市场基金和另类商品的押注中。如果可以说服华尔街机构进一步分散投资，并将其中 1% 的财富重新分配给加密技术，那么加密货币的价格将会飙升，接着大量资本储备将投入加密货币的发展中，该行业也将得到飞速发展。

币基已经取得了不小的进展。自 GDAX 推出以来，专业交易员们纷纷涌向该平台，买卖比特币和以太币。其中包括富有的日间交易者，以及越来越多的新型对冲基金经理，他们寻求在加密市场获取高收益的机会。但这些人充其量只是金融棋盘上的骑士和主教，而布赖恩真正想要的，是华尔街的国王和王后。他决定派一名使者到纽约去落实这个问题。

· · ·

在空军服役和在哈佛商学院学习的经历让亚当·怀特见多识广。自从加入币基，成为该公司的第五号员工以来，他已经升任为 GDAX 的负责人，该交易所也慢慢变成了公司的提款机。他已为迎接新的挑战做好准备，相信自己可以应付商业界可能出现的种种状况。布赖恩给他的第一个挑战是坎托·菲茨杰拉德公司。

这家赫赫有名的公司完美展现了人们对华尔街俱乐部文化的种种刻板印象。在坎托·菲茨杰拉德公司工作，就意味着需要穿着背带裤和西装三件套，也意味着要花几个小时吃昂贵的牛排晚餐，喝上等的苏格兰威士忌，同时吹嘘自己赚了多少钱。该公司的一些逸事听上去就像肮脏的好莱坞情节。其臭名昭著的前伦敦办事处登上了 2008 年的《旁观者》杂志，一名 23 岁的女员工披露并抨击了坎托·菲茨杰拉德公司的企业文化中肆无忌惮的酗酒现象和对短裙的热衷。这位会计描述了一位男同事因为她的胸部丰满而称她为"气囊"，还有他们在午餐时喝价格 800 英镑的葡萄酒，饮酒作乐的情况。10 年后，这家公司纽约办事处的一位女员工也公开抨击她在公司需要忍受的兄弟会文化，其中就包括一位上司，当这位女员工向上司抱怨一位同事嘲笑她的伯尼·桑德斯咖啡杯时，这位上司反而告诉她要保持"尊重"。

不过，这些似乎都没有损害坎托·菲茨杰拉德公司的声誉，它在世界上许多富裕且高水平公司的眼中，依然是顶级银行和经纪公司。纽约联邦储备银行已将其指定为少数几家联邦证券做市商之一，这意味着它相当于美国的债券经纪人。

现在，亚当的工作是向坎托·菲茨杰拉德公司推销加密技术，宣传其与币基开展业务的好处。这将是这家初创公司一项不凡的成就，并且对这个行业的合法化也大有裨益。在纽约第 59 街一座可以俯瞰中央公园的高楼里，亚当与该公司的代表会面了。长期以来，坎托·菲茨杰拉德公司的总部一直位于世界贸易中心北塔的顶部，直到"9·11"事件当天一架波音 767 喷气式飞机撞击了这座大楼，而撞击点就在坎托·菲茨杰拉德公司总部下方的 5 层楼。该公司失去了 658 名员工——占其纽约员工总数的 2/3 ——其中包括公司首席执行官霍华德·卢特尼克的兄弟。卢特尼克力挽狂澜，在"9·11"事件一周后把公司的交易市场带回正轨，挽救了公司，并最终向在袭击中丧生的雇员的亲属给予了补助。

现在，以卢特尼克为首，一群坎托·菲茨杰拉德公司的员工如同方阵般集结，前来会见亚当。亚当只身一人，身后没有势均力敌的方阵。他带来了一个土生土长的加州人的友好、谦逊和随和，仅此而已。卢特尼克很快注意到亚当没有打领带，也没有随行人员。然后他看到了亚当的名片，上面写着"总经理"。

在硅谷，头衔如衣服，通常是非正式的，有时也是颇具创造性的，如"数字先知"或"创新夏尔巴人"。许多初创公司将头衔视为一架子的连帽衫，可以从架子上取下一件试穿，再换另一件，直到找到他们觉得舒服的一件。然而，老牌金融公司将头衔视为权力和地位的重要标志，在那里，高成就者获得了诸如"华尔街之狼"和"人类食人鱼"这样的绰号。像"执行董事"和"高级董事总经理"这样的级别很重要。它们显示出一些重要的信息，比如谁值得投入时间，谁值得认真对待，谁可以被忽视。币基竟会派一位名不见经传的"总经理"来浪费他的时间，卢特尼克对此嗤之以鼻。他们不知道他是谁吗？

"于是我和这家庞大且有着高明手段的金融公司坐下来商讨，试图达成交易。"亚当回忆说，"他们肯定有十几个人，但我们这一方只有我。然后这位首席执行官嘲笑我说：'嘿，总经理，能帮我弄杯咖啡吗？'在纽约，我几乎被老派交易员打得满地找牙。"

亚当的任务失败了。币基打入华尔街中心的行动将不得不延后。同时，其他银行也对加密货币不屑一顾。美国银行业最著名的人物——摩根大通首席执行官杰米·戴蒙明确表达了他对加密货币的看法，他直言不讳地告诉媒体，比特币将无法生存。

然而，即使华尔街的大鳄对加密货币嗤之以鼻，但其手下的一些人并不全对比特币毫无信心。币基里越来越多的求职者的现任工作是纽约某公司的职员。在戴蒙自己的公司中，高管布莱思·马斯特斯高调叛逃，去经营一家名为"数字资产"（Digital Asset）的区块链初创公司。马斯特斯因发明了信用违约互换合约而在华尔街闻名，沃伦·巴菲特给这种合约贴上了"定时炸弹"的标签，它可能（或者已经）引发了金融危机。现在，马斯特斯将成为加密世界中一个被称为"区块链，而非比特币"派系的代言人。

　　随着比特币的发展，与硅谷自由主义者没有相同想法的人会开发出适用于区块链分类账技术的应用程序，这是不可避免且正在发生的事情。"区块链，而非比特币"意味着在使用比特币领先技术的同时，不触及如此激进的去中心化系统。这样的系统会将每个人都包含其中，是一个会员体系的系统，并且会产生一个类似于比特币防篡改的通用账本数据库。对于银行和大公司来说，"区块链，而非比特币"体现了中本聪发明中的所有创新部分，减去有争议的部分、业余的监督和粗略的数字。

　　除了数字资产之外，一群对高级西装和头等舱机票情有独钟的前银行家推出了R3，这是一个由数十家银行组成的财团，其中包括高盛和摩根大通。它们宣称比特币无关紧要，并表示其区块链软件与比特币不同，是封闭的和专有的，将取代比特币。与此同时，IBM 建立了一个区块链，运输公司可以用其来追踪货物，食品生产商可以用其来追踪猪肉和生菜的运输。

对于比特币的信徒和拥护者来说，这是异端邪说，就像摇滚歌手发现唱片公司试图笼络且重塑他们的文化来赚取利益一样，让人难以置信。这不仅违背了他们的核心信念，而且他们深知这是行不通的。

"我一直在抨击它，因为这完全是胡说八道。"弗雷德说。评论家说"区块链，而非比特币"只是一种营销手段，这背后的基础产品只不过是朋友之间共享的美化数据库而已。事后看来，他们是对的。不到两年，与 R3 财团项目签约的大牌银行纷纷退出，它们对 R3 专卖的区块链的兴趣已经大大减弱了。马斯特斯的数字资产公司也没有什么起色。这个曾经红极一时吸引了上亿美元投资的项目，几乎毫无亮点了。马斯特斯本人也因此辞职了。到 2017 年，"区块链，而非比特币"这句话在华尔街全军覆没，悄然淡出了人们的视线。

尽管"区块链，而非比特币"实验彻底泡汤了，但它仍然起到了垫脚石的作用，让传统金融业中越来越多的人发现了加密货币，揭开了这项技术的神秘面纱。还有诸如世可（Circle）和温克勒沃斯兄弟的双子星交易所等公司，就在纽约进行比特币交易，证明了币基和其他硅谷公司不会垄断这个新兴行业。世可、双子星交易所和其他几家公司才是真正的加密玩家，但这些公司更具有东海岸的特点。那里的人不会做出穿睡衣上班或者通宵组织黑客马拉松之类的滑稽举动，但仍然吸引了大批交易员和工程师，吸引他们远离传统的华尔街岗位。

虽然比特币和以太币的价格不断攀升，但对于那些转向加密技术的人来说，吸引他们离开华尔街的不仅仅是金钱，更多的是生活方式。就像比特币本身一样，投身于加密行业意味着远离权威当道和封闭的银行业。

杰夫·多尔曼是一位肩膀宽阔、眼神坚定、头顶微秃的交易员，他还记得自己在加入加密资产管理公司 Arca 之前，在雷曼兄弟和美林证券的交易战中磨炼的日子。他说："我是在《全金属外壳》那样的环境中成长起来的。"他指的是斯坦利·库布里克导演镜头下越南战争时期海军陆战队新兵训练营的残忍状况。"你读到的关于投资银行的所有事情都是真的。我会熬夜到凌晨 3 点，以确保幻灯片完美，就好像这个幻灯片重要到里面有一个错字就会影响整个交易的结果一样。"他说。

相比之下，加密业务没有那么高的严谨性和那么多的规则。随着加密技术渐渐渗透到金融领域，加密行业的文化也开始渗透到金融领域。东海岸的公司并没有完全采用硅谷的企业文化，但是硅谷的 DNA 还是存在于这些公司之中。多尔曼说："当你在传统行业进行每周五天的交易时，你必须在收盘前完成所有要做的事情。加密行业 24 小时不间断的性质让其节奏完全不同。你要训练自己冷静下来。"

　　同样，金融文化正在渗入加密货币。2016 年，随着比特币和以太币价格飙升，更多交易者开始将加密货币视为一种商品，就像小麦、石油或糖一样。相反，因为芝加哥（美国商品期货市场的发源地）的公司们急于设计出能让交易员们对价格波动进行下注的期货和期权合约，所以当地掀起了一场声势浩大的运动。这场运动不仅局限于比特币和以太币。在监管宽松的海外交易所里，交易员们对一系列其他加密货币进行投机，让这些货币的价格出现翻倍和三倍增长的情况。例如，莱特币的粉丝将该货币比作比特币的小兄弟，并指出早在以太坊出现之前，该货币网络就已经上线发行了。瑞波币是由臭名昭著的 Mt. Gox 的创始人推出的一种多功能货币。而支持 Mt. Gox 的瑞波公司已经发展为一家成熟的金融公司，并向银行推销瑞波币，以此作为一种跨境转移资金的方式。其他货币没有展现出任何它们存在的理由，甚至无法保证它们不会被黑客攻击，或不被不择手段的内部人士操纵。对于许多交易者来说，这并不重要。随着每种加密货币的价格不断攀升，一个牛市正在飞奔而来。

　　终于，商学院注意到了这件事。就在几年前，币基的亚当·怀特曾恳求他在哈佛商学院的教授允许他撰写有关比特币的文章，当时学校拒绝了他。现在，等不及了的学生们自己组建了加密俱乐部。哈佛大学和其他顶级 MBA 课程也开始引入区块链与比特币课程，为学生们铺好进入美国银行和企业高层从事加密货币行业的道路。

康奈尔大学计算机科学教授埃明·居恩·西雷尔帮助起草了加密货币和合同倡议，这相当于一个加密货币智库，在伯克利、伦敦和瑞士都有合作学校。斯坦福大学法学院宣布将开设加密货币和网络犯罪课程。那么谁来讲授这门课程呢？不是别人，正是 4 年前曾被要求起诉比特币的凯蒂·豪恩，她现在是美国领先的加密货币权威之一。

媒体对加密货币的报道也开始走向主流。虽然科技媒体对比特币进行了报道，但金融媒体大多对它置之不理，当然偶尔还有完全唱衰比特币的头条新闻，比如《华盛顿邮报》曾在 2014 年底警告道："比特币金融网注定要失败。"再如雅虎财经在同年宣称："这可能是比特币时代的终结。"到 2016 年，像《彭博商业周刊》和《华尔街日报 》这样的媒体都开始指派商业记者报道加密货币。像《加密货币时代》和《区块链革命》这样的书籍进一步提高了分类账技术的可信度。

这种转变并非一蹴而就的。人们一直对比特币的非法出身耿耿于怀。尽管对冲基金和众多大学都在探索比特币的前景，但现实是，中本聪的比特币依然在继续为勒索和毒品销售提供最佳的匿名市场。名为"丝绸之路"的平台已被关闭，但是一个叫"阿尔法湾"（AlphaBay）的新兴在线交易平台在暗网上兴起，成为犯罪活动的绝佳交易场所。它让顾客使用比特币和一种名为"门罗币"的新型加密货币进行支付。门罗币专门用于扰乱交易记录，这样就很难将交易与任何个人账户连接起来，因此其是阻碍执法的理想选择。除了广受犯罪分子欢迎之外，黑客入侵是加密货币面临的另一大威胁，这还真不是耸人听闻。2016 年 8 月，一群小偷闯入了一家名为"Bitfinex"的神秘香港公司——它是世界上最大的加密货币交易所之一——并偷走了其客户拥有的价值超过 7 300 万美元的比特币。该交易所的处理办法是，对所有客户实施 36%的估值折扣，这实际上相当于没收了他们 1/3 以上的资金来弥补损失。Bitfinex 的失败是自 Mt. Gox 以来最大的黑客攻击事件，导致了比特币价格的短暂下跌。

在币基，布赖恩并没有因为 Bitfinex 的黑客攻击而焦虑不安，他知道这代表了一个机会。他发现越来越多的人开始接受加密技术，他感觉到加密技术的版图即将得到更广大的拓展，大到远超想象。

第九章

—— 。 布赖恩有一个总体规划

在点击"发布"后，布赖恩满意地叹了一口气，他的博客文章上线了。那是2016年9月，Bitfinex遭遇黑客攻击事件一个月后。布赖恩经常身着一件纯黑色T恤。与其他硅谷首席执行官一样，他采用了一种独特的着装风格，以此来打造自己的品牌。布赖恩的风格并不像马克·扎克伯格的连帽衫或史蒂夫·乔布斯的高领毛衣那样引人注目——后来推特的首席执行官杰克·多西和名声扫地的希拉洛斯公司创始人伊丽莎白·霍姆斯模仿了这种风格。相反，在演讲和公共场合，布赖恩开始穿简单的T恤，通常是黑色的，有时会是白色的。这是对质朴和专注的认可。

自币基成立以来，布赖恩一直将其博客作为产品发布、招聘里程碑和其他进步事件的编年史。这篇博文就与众不同了，它涵盖的范围更加广泛，更加雄心勃勃。这篇名为《币基的秘密总体规划》的报告，不加掩饰地阐明了布赖恩对加密货币未来的全面展望。

他解释说，加密技术就像互联网一样，分为四个发展阶段。最初的两个阶段一直都在进行之中，即将加密技术的用户先增加到 100 万人，然后再增加到 1 000 万人。首先是创建新的区块链协议，例如比特币和以太坊，用以创建和分发货币。接下来是交易和存储加密货币的服务。布赖恩说，加密技术开发的第三个阶段是一款软件，允许人们更直接地与区块链技术进行互动，就像网景和 Internet Explorer（网络探路者）等浏览器让大众探索发现互联网一样。布赖恩预测，第四个阶段，也是最后一步，将以区块链应用程序的形式出现，让人们在不依赖银行的情况下进行借贷、放贷和投资。他写道，第四个阶段将标志着金融 2.0 的启动，并将把 10 亿人带入新兴的加密世界。如果这就是未来，那么币基的总体规划就是为金融 2.0 奠定基石，同时投资其他公司。

博客上的文章反映出布赖恩既是技术专家，又具有远见卓识。"在币基，我们热衷于为世界打造一个开放的金融体系。我们所说的开放，是指不受任何一个国家或公司的控制（就像互联网一样）。我们认为这是为世界带来更多经济自由、创新、效率和机会平等的最高杠杆方式。"他写道。

这个总体规划对布赖恩来说非常有意义，即使它对大多数人（包括传统金融界的许多人）没有任何意义。加密货币已经悄悄进入了华尔街，可以与其他商品一起交易，但是对于那些从未接触过比特币的人来说，让10亿人使用加密货币的想法似乎有些遥不可及。但是，按照真正的硅谷风格，布赖恩认为最好要有大局观，他身后有币基董事会的支持。然而，他首先必须激励币基自己的员工。

巨大而遥远的商业愿景通常与硅谷及科技公司的首席执行官们联系在一起，他们拥有超凡个性。史蒂夫·乔布斯就是原型。尽管这位已故的苹果公司首席执行官推出了世界上迄今为止最具颠覆性的技术，但他以独特的外表和堪比马戏大王费尼尔司·泰勒·巴纳姆的舞台表现，滋养了人们对他的个人崇拜。埃隆·马斯克同时运营着电动汽车品牌特斯拉和开发火箭的太空技术探索公司，他喜欢分享在火星上生活和在美国城市之间修建高速隧道的奢侈计划。无论是在人前还是网上，马斯克都很好斗和蛮横，他在推特上与美国证券交易委员会舌战，在电台直播采访中吸食大麻。至少在一定程度上，这是有计划的尝试，旨在建立马斯克的神秘感。亚马逊的杰夫·贝佐斯设想人们生活在太空殖民地。作为硅谷的一员，对于布赖恩来说，想法宏大十分正常，尤其是在公众面前。但布赖恩与乔布斯、马斯克和贝佐斯完全不同，他自称是一个内向的首席执行官，每个早期的币基员工都说布赖恩"笨拙"。尤其在纳帕谷的一次公司休假期间，布赖恩第一次尝试发表鼓舞人心的演讲，那次演讲可以总结为"痛苦"和"我的天啊"。一位员工说："人们总是开玩笑说他可能患有自闭症。"然后他若有若无地补充道："但是在硅谷，见鬼了，我觉得这里80%的创始人在社交方面都有点奇怪。"

布赖恩有充足的自我意识去尝试和学习，那不是难题。在青少年时期，他就受控于一种病态的自我完善的欲望。如果有什么不明白的地方，他会一直读到明白为止。如果遇到了比他更了解的人，他就会向他们请教。有一次，在收到一个外部咨询公司的绩效评估后，他通过电子邮件将其发给了币基的所有人，要求他们也参与其中。对于布赖恩来说，领导力只是他需要学习的另一项技能。

在币基董事会的敦促下，布赖恩和弗雷德花了很多钱请硅谷最好的培训师进行培训，尽管早期出现了一些问题，诸如对"有意识的领导"的痴迷，但这些努力开始显现成效。培训师磨掉了他们的一些棱角，这些棱角曾让《彭博商业周刊》将两人形容为缺乏幽默感的"瓦肯星银行家"。办公室经理纳塔莉·麦格拉思通过举办服装活动和卡拉OK之夜营造了一种更加人性化的办公室文化，这也使布赖恩变得更加平易近人。

尽管如此，布赖恩不仅承认自己是一个内向的人，还开始接受这一事实。就像乔布斯、马斯克和贝佐斯一样，布赖恩有一个伟大的愿景——将加密技术普及给10亿人，并颠覆数万亿美元的金融行业。不过与他们不同的是，布赖恩无法通过纯粹的人格力量来实现这一愿景。"我并不是很清楚首席执行官到底是什么，"他说，"我以为首席执行官得当个将军，对人发号施令。首席执行官不应该试图成为别人。虚伪是最糟糕的领导方式。"

布赖恩得到了另一个教训：内向和软弱并不一样。从一开始，他就为了对币基进行完全控制而一次又一次斗争，这可能意味着需要把他在 Y Combinator 的合伙人赶出去，也可能意味着向初创公司的天使投资者规定条款。随着币基规模的扩大，布赖恩转向了一种新的策略，以确保自己的控制权。

在硅谷，马克·扎克伯格等领导者发现了一种方法，以确保他们不仅是首席执行官，而且是创立公司的国王。谷歌的创始人拉里·佩奇和谢尔盖·布林使用了同样的方法来保持控制权，尽管他们分发的公司股票越来越多。保持控制权的秘诀在于，创建一种拥有超级投票权的新股票类别。通常，一股公司股票具有同等的投票权。如果公司发行了 100 股，那么持有公司 1% 资产的所有者将获得 1% 的选票。超级投票权股票打破了这个数学公式：拥有此类股票的个人，每股可能会获得 10 张选票，以确保其在投票上可以超过拥有公司更大比例股份的普通投资者。在该计划的变体中，公司可能会发行完全没有投票权的新股，从而增加现有的有投票权股份的权力。这让一些投资者可以参与公司的财富分配，但对公司的运营没有发言权。无论具体细节如何，结果都是一样的：创始人在诸如董事会组成、产品战略或任何其他影响公司发展方向的关键问题上获得了成功。

这就是随着币基的发展，布赖恩所做的事情。随着公司筹集了 7 500 万美元的 C 轮融资，紧接着又筹集了 1 亿美元的 D 轮融资，这是公司上市道路上的关键里程碑。它发行了数百万股新股，但也为布赖恩创造了一类新的股票，这将保证他可以胜过那些投资者和其他任何人。像扎克伯格和谷歌创始人一样，布赖恩在现在和可以预见的未来，都牢牢掌控着币基。等到布赖恩发布那篇富有远见的博文时，他已经拥有了所需的权力，并且正在学习如何领导一家发展速度超过其预期的公司。

· · ·

在吸引专业交易员的竞争升温之际，对布赖恩领导力的一个关键考验到来了。虽然币基的主要业务一直是面向散户投资者和比特币爱好者，但其专业交易所 GDAX 已经着手为被称为"鲸鱼"的富有交易员、不断增加的对冲基金和其他华尔街的参与者涉足加密货币抢占市场了。

GDAX 的早期版本于 2015 年推出，在添加以太币之后，该交易所开始腾飞。为了跟踪其进度，币基在办公室周围放置了巨型显示器，显示 GDAX 与其他交易所相比的市场份额。该公司不是第一名。第一名属于 Bitfinex，这是一家总部位于香港的交易所，该交易所经历了一系列黑客丑闻，包括 2016年它被盗取 7 300 万美元的比特币，然后对其所有客户持有的资产进行 36% 的削减以弥补损失。尽管 Bitfinex 总体上不太完善，没人能确定是谁控制了它，但它仍然拥有全球客户群，这些客户喜欢其快速且宽松的金融监管方式，这能让他们更快地变得更加富有。币基无法与之竞争。从一开始，币基就试图通过监管机构做正确的事情，在 GDAX 上，它迎合了关心合规性的客户。针对严格遵守银行法律的美国人和其他国家与地区的交易员，GDAX 开始扩大市场份额，并很快超越了旧金山的竞争对手克拉肯。但是随后，办公室巨型显视器上的图表开始朝错误的方向——向下——移动。

GDAX 的增长在 2016 年中期停滞不前，这使部分市场份额让给了 Bitfinex 和其他竞争对手，它们以更低的交易佣金和种类更多的加密交易吸引客户。

更重要的是，币基和 GDAX 面临着一个新的竞争对手：温克勒沃斯兄弟。

卡梅伦·温克勒沃斯和泰勒·温克勒沃斯的首次崭露头角，是通过亚伦·索金 2010 年广受好评的电影《社交网络》，该电影聚焦于创建脸书过程中的背叛和阴谋。这部电影将这对由阿米·汉莫饰演的双胞胎兄弟，刻画成头脑简单的运动员，被诡计多端的马克·扎克伯格击败，并给他们起名为"温克勒沃斯恶兄弟"。虽然这部电影将扎克伯格描绘成一个冷漠无情的人，但也给人留下了温克勒沃斯兄弟像笨蛋一样的持久印象，他们利用自己的电影名气，出现在一个针对扎克伯格的商业广告中，但并未消除这种印象。

在现实中，这对双胞胎与他们受欢迎的电影形象相去甚远。虽然他们的身材引人注目，就像卡梅伦在电影中咆哮的那样，"我身高6.5英尺①，体重220磅②，有两个一模一样的我"，但他们的成就远超在哈佛大学和北京奥运会上的划艇生涯。这对双胞胎并不是什么含着银汤匙出生的孩子，而是刻苦学习的学生，还在读高中时，就与父亲一起翻译了圣奥古斯丁和其他早期学者的拉丁文著作。从表面上看，他们彼此不同，卡梅伦更严肃、更强硬，而泰勒则更加爽朗，但两人都很体贴，说话也很得体。不过，《社交网络》确实表现了他们的一种特质，那就是他们的雄心壮志。

在脸书之战中，这对双胞胎的律师收到了扎克伯格发来的一系列谴责信息，其中包括一条扎克伯克得意扬扬地说要"干他们"的信息，之后兄弟俩赢得了案件和解。尽管出了"干他们"这档子事，但卡梅伦和泰勒还是进展不错，2008

---

① 1英尺＝30.48厘米。——编者注

② 1磅≈0.45千克。——编者注

年获得了 6 500 万美元分红，其中大部分是脸书的股票。几年后，这些股票的价值飙升至 5 亿多美元。就在这个时候，他们又挖到了金子。正如他们的传记作者本·迈兹里奇所写的那样，他们决定接受扎克伯格的股票支付，"对于这对（据称是）愚蠢、疯狂的双胞胎来说，这被证明是有史以来最伟大的商业决定，也许仅次于他们在 2013 年选择将和解所得的 1 100 万美元投资购买比特币"。

卡梅伦和泰勒的下一个商业决定是支持不合群的查理·史瑞姆及其 BitInstant 项目，这个决定就不太明智了。提供比特币购买和商家服务的 BitInstant 遭到币基的打击，史瑞姆因违犯洗钱法而银铛入狱。不过，这对双胞胎绝地反击。他们推出双子星交易所，重新与币基抗衡，这是针对专业交易员的干净利落的交易所。在这场战斗的前几轮中，他们取得了决定性胜利。

币基的专业交易所 GDAX 的负责人亚当·怀特回忆说："2015 年底，双子星交易所开始崭露头角，我们通过办公室的巨型显示器看到它的交易量每周都在悄悄增加，然后逐渐超过了我们。"这是双重打击。不仅是币基的新自动取款机出现故障，它还输给了一个竞争对手，这个竞争对手同样将自己称为"加密白衣骑士"——一个为有合规意识的投资者提供交易的场所，这些投资者需要一个站在监管机构一方的交易所。疲软的汇率形势是一场需要领导力才能应付的危机。

布赖恩介入了。

在一封紧急邮件中，布赖恩召集了亚当·怀特、GDAX的其他高管，以及币基法务部、市场部和设计部的其他关键人员。"解决这个问题，"在紧张的午餐时间，布赖恩告诉他们，"现在就解决它。"出现在午餐会上的布赖恩，与其员工以前所见过的形象——一个直接而权威的领导——截然不同。像将军一样咆哮着发号施令可能不是他的风格，但这次，布赖恩展现了一种军事化形象，引导币基的不同部门前所未有地合作。

"赢得交易空间是根本，是基础。"他说。布赖恩的意思是，如果币基不能与双子星交易所这样的公司抗衡，他们就会忘记布赖恩总体规划的其余部分。

全民干预奏效了。归根结底，这一天结束之前，像GDAX这样的服务只是产品，如果没有公司非产品人员的支持，产品是不会成功的。通过将GDAX推到币基每个人议程的顶端，布赖恩把该交易所从灾难中拉了回来。GDAX重新获得了市场份额，双子星交易所交易量萎缩，办公室的显示器上的图表呈现出了原来的样子。这是温克勒沃斯兄弟3年内第二次输给币基。

• • •

到2017年，币基已经发展到拥有数百名员工，布赖恩正在学习如何领导他们。他仍然是一个内向的人，但不再每次都要戴着耳机待上 12 个小时。然而，即使有几十名直接下属，也不再那么自我封闭，但布赖恩在这个位子上却变得更加孤独了。

布赖恩的好朋友奥拉夫离开后，其他人也跟着走了。公司的第三号员工李启威有了新家，也有了家庭，家人厌倦了他在币基的长时间工作。李启威还拥有一批莱特币，2011 年在谷歌任职期间，他创造了这种较轻量版本的比特币，自那以后，莱特币这种数字货币的价值已经达到数十亿美元，仅次于比特币和以太币。李启威怀疑，如果更多的人可以购买莱特币，那么其价值将进一步飙升。实现这一目标的最佳方法是在币基上出售它。

加密圈里流传着这样一个故事：李启威秘密将莱特币的容量加到币基的代码中，一天深夜，在没有任何警告的情况下推出了代码，结果第二天就被解雇了。这个故事很有意思，但不是真的。将莱特币添加到币基这样的编程壮举需要更长时间来构建，也需要花费很多时间才能启动，不可能一蹴而就。此外，币基还使用了员工们所称的"索伦之眼"，以确保没有人能够在不触发警报的情况下单独破坏代码。

2017 年，币基在布赖恩的完全批准下推出了莱特币，其价格飙升了 25%。媒体宣称，这种反弹是由于"币基效应"，但这一术语在未来给该公司带来了麻烦。两个月后，李启威宣布他要离开币基。

. . .

李启威的离职意味着币基又失去了一位长期值得信赖的员工，但对布赖恩来说，更大的打击发生在几个月前——弗雷德也离开了。

自从弗雷德慷慨激昂地敦促币基上线以太币之后，他就开始变得焦躁不安。他是币基的联合创始人，但公司总体上由布赖恩负责。虽然两人在早期就找到了平衡——布赖恩运营产品，弗雷德负责业务方面——但币基无法再同时满足两人的野心了。弗雷德想发号施令，但这在币基是不可能发生的。他意识到加密领域一场前所未有的牛市即将开始，于是决定自己创业，开发应用程序，并推出一只对冲基金。"我很高兴成为币基的精神领袖。"弗雷德回忆道，随后他又补充说，离开之后，他和布赖恩成了比以往任何时候都更好的朋友。

星期五上午的一次会议上，他们当着所有员工的面正式告别，许多员工都被这个消息震惊了。弗雷德虔诚地谈到了他在币基的时光，以及他对加密货币未来的乐观态度。"我最希望的是公司越来越好。这里的每个人都是我雇来的。在某种程度上，我这一走就像离开了自己的家人。"他回忆道。

然后，这位坚韧而无情的有钱人，曾劝告公司穿墙收费的人，做了一件他多年没有做过的事情。他哭了。

　　布赖恩在 2016 年 9 月公布了"秘密总体规划"，但是随着其野心膨胀，接下来的几个月，他肩上的担子比以往任何时候都要重，而且现在几乎没有值得信赖的朋友来帮助他了。随着即将到来的加密狂热的开始，币基面临一系列新的问题，尤其是来自美国政府的问题。

第十章

————。『山姆大叔』打来电话了

2016 年 11 月 9 日清早，华盛顿阴雨绵绵。有消息称政治门外汉唐纳德·特朗普将成为下一任美国总统。金融市场发生震荡，主要股指的期货合约交易量下降5%，油价同样下跌。黄金一直以来都是动荡时期的避风港，如今价格应势上涨了。比特币也是如此，特朗普一当选，比特币的价格就上涨了 3%。对于比特币支持者来说，这次价格小幅上涨将是未来 3 年内华盛顿传出的唯一一个关于加密货币的好消息。

在美国另一边，戴维·乌茨克——一位驻扎加利福尼亚州的退役功勋特种兵，正在给比特币找麻烦。随美国陆军和海军在海外服役后乌茨克回国，之后他寻找到了一种新的报国方式，他在另一个让人不寒而栗的组织——美国国家税务局——中寻得了报国之法。如今 40 多岁的乌茨克口齿伶俐，姿态刚强，在全世界搜寻偷税漏税者。

许多人认为美国国税局是一个只会整日盯着纳税申报表，精打细算的机构。很少有人知道，该机构还设立了一个强大的执法部门，雇用像乌茨克这样的人——一群佩戴徽章和枪支的会计，他们与美国联邦调查局和美国缉毒局的特工在同一所学校受训。

美国国税局是迅速掌握加密货币犯罪潜力的机构之一。国税局的一位名叫加里·奥尔福德的特工帮助突破了对暗网"丝绸之路"这一犯罪黑市的联邦调查。奥尔福德有一个奇怪的习惯——他总是把文件读三遍。当第三次阅读某份文件时，这一怪癖有了用处：他意识到一个Gmail（谷歌电子邮箱）地址与"恐怖海盗罗伯茨"（"丝绸之路"的匿名主谋）有某种联系。奥尔福德的这一发现让司法部甄别出罗斯·乌布利希（又名"恐怖海盗罗伯茨"）的身份，并将其定罪。

早在20世纪80年代，奥尔福德的同事乌茨克就预见了数字货币的兴起，并在大学里聚焦于一个新颖的集中研究领域——经济学、法务会计和计算机科学，他对比特币的问世充满了期待。在美国国税局工作时，随着加密市场在2016年初升温，他开始了对加密货币逃税的调查。这一调查需要对2013—2015年所有美国国税局的报表进行电子搜索，以确定其中有多少报表包含用于申报资产收益的8949号表格。乌茨克随后筛选了数百万份卷宗，以识别任何曾申报过"与比特币相关的财产"的人，结果只发现了802份这样的卷宗。也就是说，之前只有 802 人申报过与比特币相关的收益或损失。

"财产"一词是关键所在。2014 年，美国国税局发布了一份声明，将比特币等加密货币指定为财产，而非货币。拥有比特币就像拥有一套房子或苹果公司的股票一样。如果股价上涨，持有者出售股票，那么根据资本收益原则，通常持有者要向美国政府支付利润的 10%。如果持有者持有该财产不到一年就出售，那么获利将被归类为短期收益，由此产生的税收也会更高。比特币作为财产的法律地位同样也意味着，用它购买任何东西，哪怕是一杯咖啡，都需要纳税。对于像奥拉夫这样靠比特币生活了好几年的人来说，如果严格遵守美国国税局的规定，他将面临一场无休止的税收噩梦。

乌茨克回顾了自己的发现，意识到 802 这一数值实在是太小了。毕竟，据说数百万美国公民都下载了比特币钱包应用，据他计算，仅 2015 年就有超过 100 亿美元的比特币交易额。他越调查比特币的使用者，就越确定数字货币是逃税的载体。

乌茨克决定逼问一个已经面临犯罪指控的偷税漏税者，以获取有关比特币的更多信息。此人过去曾通过空壳公司将资金汇入海外经纪账户，然后用自动取款机将资金取回美国，从而逃税。逃税者告诉乌茨克，这一方法太麻烦，他发现比特币提供了一种更容易逃避美国国税局审查的方法。他不必在不同公司和账户之间转移财产，而是将现金转换为比特币，然后购买汽车、船只和其他可以兑换成美元的物品。

乌茨克还发现了其他比特币买家，其逃税的方式不那么明目张胆，但同样违法。其中包括两家公司，它们的账目将购买比特币的开销视为技术开支，以便将其归类为税收减免，这相当于试图从税中扣除购买金条或欧元纸币的商业开支。计谋一旦暴露，这两家公司必将遭殃。币基也是如此。不出所料，乌茨克发现这两家公司通过币基购买比特币。

与大多数比特币卖家不同，币基拥有美国国税局非常想要，同样也是比特币世界中其他卖家很少拥有的东西：每个客户的详细资料，包括他们的姓名、家庭住址、出生日期等。这些记录方便美国国税局将出售比特币的币基的客户名单与国税局的记录进行比较，以确定哪些客户没有纳税。

从一开始，布赖恩就立志让币基在这个充满骗局、无赖横行的行业里坚持遵纪守法。董事会成员克里斯·狄克逊甚至还称币基为"加密白衣骑士"。如今讽刺的是，白衣骑士遵守"了解你的客户"这一法则，反而使美国国税局对加密货币的首次重大调查变得轻而易举，尽管那些更加叛逆的交易所（其在保密情况下运作，避开银行法）避免了此次审查。

随乌茨克的调查而来的，是一张传票，2016年末它像一枚手榴弹一样降落在币基。弗雷德离开公司前不久，公司律师向他展示了传票。往常不慌不忙的弗雷德抱怨道："噢，该死，这太严重了。"没有人能突破美国国税局建造的铜墙铁壁。他们把信带给了布赖恩，要不是当下他们正在面对这张传票，这场梦魇都难以想象。美国国税局想要的并不是它一直在追查的逃税者的账户信息，而是每一个出售比特币的币基客户（超过 50 万人）的身份，以及每一条与他们相关的个人身份信息，其中包括他们可能曾经给币基发过的邮件，以及他们与币基签署的委托书。这将成为税务调查的"西班牙宗教裁判所"。

传票对币基来说，意味着两层地狱。

第一层地狱意味着收集并打印 50 万名客户的详细资料，将其呈递给美国国税局。这是相当沉重的负担，需要币基的员工花费上百个小时，甚至上千个小时处理文书工作，而非扩建公司的加密服务。

第二层地狱是币基不得不承受声誉损失。从一开始，币基将密钥和账户集中化的理念就引起了比特币纯粹主义者的不满。他们认为比特币技术是反主流的、匿名的，也是一种打破权力结构的方式。他们中的许多人曾指责币基背叛了比特币的自由主义价值观。该价值观要求个人不信任任何中央机构，而是依靠加密私钥来保护自己的藏品。这些比特币纯粹主义者以嘲讽的方式抨击币基："密钥不属于你，比特币也不属于你。"这是在挖苦该公司为客户存储比特币的方式。现在，如果政府收集到公司 50 万名客户的账户信息，就将证明那些批评者是正确的。币基会因为出卖用户隐私而被唾弃。在这场规模庞大的辩论中，公司受到了包含死亡威胁在内的刻薄抨击，很难想象要如何挺过难关。

面对大量的文书工作和公关灾难，布赖恩做了他认为唯一能做的事情：他拒绝了美国国税局的要求。布赖恩在一篇博文中表示，像花旗银行、PayPal或嘉信理财这样的公司就绝不会同意国税局的这种要求，币基也不可能同意。冒着承担数百万美元的罚款的风险，该公司申请撤销传票，称其违法且具有攻击性。

布赖恩写道："仅仅因为使用数字货币，就要求提供这么多人的详细交易信息，这是对用户隐私的侵犯，也不是我们实现共同目标的最佳方式。"

两年的法律斗争最终取得了一些胜利。尽管没有成功撤销传票，但币基说服法官对传票进行筛选。最后，美国国税局有权获得超过13 000名公司大客户的有限记录，这些客户在一年内完成了多于20 000美元的交易，或达成交易超过200笔。币基还向大客户提供了1099-K表格，这与富达等经纪公司长久以来的做法如出一辙。币基及其客户对这一结果都不是很满意，但仍存一线生机：这场法律斗争将有助于币基和其他加密公司更接近主流金融机构的世界。

• • •

虽然美国国税局宣布比特币是财产，但美国证券交易委员会的官员正在考虑，从技术层面而言，比特币是不是一种证券、一种可交易的金融资产？与此同时，美国财政部金融犯罪执法网络将其视为一种货币。而另一个机构——美国商品期货交易委员会则表示，比特币是一种商品，这意味着它是一种所有物或服务。这些技术细则可能令人头疼，但它们也昭示着新兴加密行业的法律雷区。

讽刺的是，在试图对比特币进行分类和检查的过程中，美国政府也成了最大的比特币所有者之一。暗网"丝绸之路"被取缔后，美国联邦调查局从该网站的策划者手中缴获了大约 150 000 个比特币，然后在美国法警署举办的一系列拍卖中卖出了上百万美元。同时，美国烟酒枪炮及爆炸物管理局、缉毒局、特勤局和其他机构在调查过程中开始没收加密货币。一部分比特币最终落入了警察手中，而其他藏起来的比特币干脆不翼而飞。美国政府无法追踪自己的比特币，尽管它正在为其他所有接触该货币的人带来监管考验。

那只是美国联邦调查局探员的所作所为，国家监管机构也想拥有发言权。纽约州金融服务部尽力维护着其作为华尔街监管机构的角色，以发放牌照的形式将一大笔文书工作转嫁给加密行业。任何想在纽约州进行加密交易的公司，都必须获得所谓比特币许可证，该流程的成本超过 10 万美元，并且可能需要数年才能完成。这个充满官僚主义的地方散发着"旋转门"政治的恶臭。颁发许可证的权贵官员本杰明·劳斯凯很快就退出了纽约州金融服务部，创建了一家专门帮助公司应对加密监管的咨询公司。对于比特币理论家来说，劳斯凯的噱头只是让他们更加肯定了政府的专制本性。克拉肯交易所的首席执行官杰西·鲍威尔——一位自由意志主义者歇斯底里地说道："纽约就是那种对你穷追猛打、控制欲极强的前任，尽管三年前你们就分手了，但他还一直在跟踪你。"

比特币领域另一位有影响力的人物，埃里克·沃里斯甚至更少被提及。沃里斯开发了最早的比特币应用程序之一，即一种叫作"中本聪骰子"的赌博游戏，并经营着一家名为"形状变换"（ShapeShift）的公司，客户可以交换加密货币。即使按照自由主义者的标准来看，沃里斯也是一名激进分子。他的政治热情包括策划"自由州运动"，该运动旨在说服数万人搬到新罕布什尔州。这些"自由州运动"的支持者希望，人们涌入这个人口稀少的州，以此建立一个反政府狂热分子的据点。参加运动的许多人还把比特币作为颠覆国家对货币供应控制的方式加以推广。沃里斯沮丧地目睹着纽约正在发生的一切。他发了一条推特称："从今天起，比特币许可证在纽约正式受法律保护。我们为自由、资本主义和创新落泪。遵守法律吧，公民们。"

当然，并不是加密圈中的每个人都赞同沃里斯的观点。包括布赖恩在内的许多人都希望，周到、谨慎的监管可以使加密市场更为稳定，并助其成为主流。

遗憾的是，美国新兴的加密货币监管制度并没有为加密市场带来稳定性，却使其充斥着繁文缛节。多家机构仍在争论比特币究竟是货币还是财产，抑或是像冷冻橙汁这样的商品，规则因州而异，不断累加。应付繁文缛节带来的难题使市场变得不稳定，也减缓了加密货币合法化的推进过程。

同时，其他国家正在从美国的监管风暴中开辟避风港，加密公司可以在相对安宁的环境中运作。例如，瑞士的楚格州创造了一个"加密谷"，公司可以在那里试验新的商业模式，而不至于陷入监管空头陷阱。美国企业家和投资者提醒道，如果美国不驱除其监管阴霾，那么新一代加密创新技术可能会流向国外。

不能完全将责任归咎于监管机构，美国国税局和其他机构只是在运用它们已有的方法，几乎所有这些方法在比特币存在之前就被创造出来了。这些监管机构尝试"旧瓶装新酒"，用早期金融时代的法律来约束全新的加密技术，这与汽车刚在美国上路时的情况没有什么不同。由于缺乏监管汽车的法律，政府在20世纪初尽力修改了为马匹和马车设计的规则。当然，从长远来看，这被证明是不切实际的，需要出台新的法律来规范汽车。

币基与爱彼迎、优步等其他硅谷公司拥有许多相同的支持者，这些公司的业务建立在一些人"监管套利"的基础上——充分利用监管漏洞，同时也进行正面公关，其中包括像"共享经济"这样的华丽辞藻。这一战略对初创公司来说很管用，能够让它们发展到足以打好每一场官司，并讨好政客。但是布赖恩知道，要使加密行业有所突破，就需要新的法律，这意味着要帮助国会议员制定完善的法律。布赖恩是时候去华盛顿了。

· · ·

正如亚当·怀特在与坎托·菲茨杰拉德公司的团队会面时发现的那样，尽管华尔街和硅谷这两个地方截然不同，但它们确实都对自由市场和多元文化抱有热情，这使它们成了某种奇特的远亲。此外，硅谷与华盛顿的关系又十分紧密，就像词典中仓鼠（hamster）和河马（hippopotamus）的距离那样近 ①。国会大厦中的大多数人都对硅谷怀有敌意和猜疑，而大多数加州的科技怪才对华盛顿的政治和游说活动几乎抱有生理性厌恶（尽管像谷歌和脸书这样的科技巨头最终也在游说游戏中变得游刃有余）。

多年来，为了争取立法者对加密技术潜力的认可，币基的员工多次前往华盛顿，然而他们遇到的情况并没有改善立法者的观点。币基的长期律师胡安·苏亚雷斯曾尝试对立法者进

---

① 这两个单词都以"h"作为首字母，因此在英语词典中距离较近。——编者注

行加密货币方面的教育，但以失败告终。他说："我试图向华盛顿政客解释比特币，但他们只对奥拉夫三年前发表的无厘头博文好奇。"他指的是这位前同事东拉西扯的文章。

布赖恩几乎没有时间参与华盛顿风格的政治活动。在他看来，他可以利用币基为 10 亿人带来经济自由，那么他接触政要的意义何在呢？不过有一个政客是例外，就是他家乡的国会女议员南希·佩洛西，极有影响力的众议院议长兼民主党领袖。在佩洛西旧金山办公室举行的一次会议上，她没有提起自己的自由主义优先权，而是施展魅力，告诉布赖恩她是多么尊重和钦佩企业家。西海岸是币基的主场，在那里布赖恩可以应付像佩洛西这样的人。而华盛顿到处都是容易被小问题激怒，并且对技术一无所知的党派人士，布赖恩没法应付他们。

无论布赖恩面对佩洛西时有多么从容，美国国税局的调查和日益升级的监管风暴都意味着币基必须在政治上加倍努力。布赖恩聘请了政治掮客迈克·伦普雷斯，他曾在 20 世纪 90 年代担任司法部副检察长，曾与唐纳德·特朗普政府的司法部长威廉·巴尔以及罗伯特·穆勒合作，后者将领导一项有关俄罗斯干预美国大选的高调调查。伦普雷斯属于第五代旧金山人，头发花白，发量稀疏，但他仍然焕发着青春和活力。他为币基制定了一项艰巨的任务：让布赖恩前往华盛顿。毕竟，如果该公司想在加密货币方面赢得政治胜利，那么派遣首席执行官担任特使可能是其战略的关键。伦普雷斯说："我告诉他：'布赖恩，我希望你喜欢这里。希望你每年至少来这里两次。'"他又遗憾地补充道："他并不喜欢这样。"

他们的共同访问除了让布赖恩回加州的渴望越发强烈以外，几乎没有在他心中激起什么波澜。这座城市的高温和潮湿让人难以忍受。华盛顿的吹嘘文化让他很恼火，他是一个喜欢创造东西的人，而不是只会纸上谈兵的人。包括他遇到的美国参议员，其中一位是民主党的忠实拥护者，布赖恩向公司同事形容说，那家伙是一个"彻头彻尾的浑蛋"。

关于华盛顿，他唯一喜欢的东西是地铁，它载着国会议员穿梭于国会山的各个地方，除此之外，这次旅行全无价值。伦普雷斯希望向布赖恩传授华盛顿之道，但这一希望已经落空。返程途中，伦普雷斯回忆道："在我们的返程航班上，布赖恩希望解决与美国证券交易委员会的所有问题。他认为是时候回到基本原则上，来重新思考整个机构了。然而，问题是，美国证券交易委员会的法律已经存在了 100 年，它不会为布赖恩而改变。"

不管有没有布赖恩，政策都会被制定出来。华盛顿缓慢且努力地应对加密货币，朝着计划迈进。同时，一派繁荣的加密投资者的世界并不会等待联邦政府的决策。在国会犹豫不决时，现代历史上最离谱的金融泡沫正在迅速膨胀，其速度比新一代名人的自我膨胀速度还要快。

第十一章

——。首次代币狂热

2017 年 6 月 25 日，"以太坊创始人维塔利克·布特林遭遇车祸身亡"的消息在社交媒体上不胫而走。投机者们惊慌失措。数小时内，以太币的价格下跌 20%，总值缩水 40 亿美元。

第二天，维塔利克本人发布了一条推特，在网上迅速传开。推特里的照片显示他状态很好，手里举着一张纸，上面是以太坊区块链中一个新开采的区块的编号，还有刚刚解锁这个区块的哈希值。维塔利克的推特，就像是区块链版的人质拿着一份日报，用来证明他还活着。那张照片证实维塔利克确实没有死，以太币的价格开始反弹。

车祸的故事是由 4chan（综合型讨论区）上的喷子们编造出来的，他们可能是为了操纵市场，也可能只是想搞一个骇人的恶作剧。不管怎样，这个噱头都展示了维塔利克这个创造了以太坊的古怪天才对于以太币和整个加密技术的成功是多么重要。这也凸显了在 2017 年的加密热潮中，以太坊是如何取代比特币占据舞台中心的。

2017 年初，以太币的价格为 13 美元。到了夏天，价格是原来的近 30 倍，直逼 400 美元，而大涨才刚刚开始。同时，在很大程度上归功于以太坊，数以百计的加密货币开始借势腾飞。

· · ·

你可能还记得，以太坊——维塔利克创造的智能合约机——已成为比特币在区块链世界中的主要竞争对手。但其实，它也是构建其他加密货币项目最受欢迎的平台。假设有人想在区块链上提供文件存储或体育博彩服务呢？一种方法是专门为此目的构建一个区块链。不过，更简单的方法是使用智能合约在以太坊之上构建该服务。在新兴加密行业中，以太坊就像一种新型互联网，而这些新的第三方项目，如文件存储或体育博彩，就是在它上面运行的网站。

然而，以太坊与互联网有一个关键的不同之处，那就是位于其上的服务需要一种特殊的数字代币才能运行。用互联网类比，就好像网络上的每个网站都要求访问者获取并使用一种独特的货币才能访问一样。

理解以太坊的另一种方式是将其视为一座游乐场。这座游乐场归以太坊所有，其他人获得许可后可以在里面建造和管理游乐设施。体育博彩和文件存储等应用就是游乐设施。如果想坐博彩过山车，你就必须先购买和兑现过山车代币。文件存储旋转木马同样需要文件存储代币。以太坊会铸造代币，为游乐设施所有者提供便利。

　　作为回报，每次有人兑现代币来乘坐游乐设施时，游乐设施的所有者都会向以太坊支付少量佣金。来到游乐场的游客可以乘坐任何一个游乐设施，也可以乘坐多个游乐设施，但没有通票，每次搭乘都得单独付费，游客可以在以太坊柜台获得特定游乐设施的代币。

　　这个游乐场的奇怪之处在于，尽管大多数游乐设施尚未建成，但客户仍在为未来的游乐设施购买代币。买家通过以太坊购买代币，并希望这些代币有朝一日能用于区块链服务。事实上，他们购买的游乐设施可能会被建造，也可能永远不会建成。但在等待的过程中，他们总可以试着将手头的代币转卖，抛售给其他押注游乐设施会被建造的人。而这也是大多数人所做的——简单而纯粹的投机。

　　2017 年，互联网上每天都有新的代币项目推出。人们每天都在抢购这些代币。新项目跨度惊人，从许诺直接以代币支付色情演员报酬的 SpankChain（成人娱乐平台），到其他天马行空的项目，如 ASTRCoin，其代币据称可以作为小行星的债权。这种现象被称为"ICO"（首次代币发行）。它不是 IPO（首次公开募股）。ICO 可能会持续几天或几周，它涉及将资金——通常采取以太币或比特币的形式——发送到项目的在线钱包，并等待收到代币作为交换。

这样的方式史无前例，轻而易举就能从众多投资者手中筹集到巨额资金。ICO 的数量和规模都超乎想象。日交易额非常惊人。一家名为"Filecoin"（文件币）的公司承诺建立一个区块链存储网络，融资 2.05 亿美元。一家名为"班科"（Bancor）的公司兜售一种在线超级货币，仅用 3 个小时，就在以太坊融资 1.53 亿美元。而一个名为"勇敢"（Brave）的新型网络浏览器，30 秒内狂揽 3 500 万美元。随着一项名为"EOS"（柚子币）的服务推出，现金流达到了高潮。EOS 标榜自己为以太坊的竞争对手，在布罗克·皮尔斯的营销下，融资 4.2 亿美元，令人瞠目结舌。布罗克是迪士尼电影《野鸭变凤凰》中的童星，他为自己塑造出了一个加密小精灵的形象。

在 2017 年之前，只有优步或爱彼迎这样炙手可热的初创公司——硅谷俚语中的"独角兽"公司——才有可能筹集到如此量级的资金。当然，许多人觉得优步这样的公司被高估了，但不可否认的是，这些初创公司确实拥有成熟的业务理念、数百万客户和数十亿美元的收入。相比之下，许多 ICO 公司根本不具备这些条件。数百万美元被投入小规模的开发者团队中，他们只有一份全是概述想法的白皮书，其他什么都没有。但对于其支持者来说，这就足够了。毕竟，比特币和以太坊就诞生于短短 9 页的白皮书，而它们现在都价值数十亿美元。这些 ICO 项目难道就不能复刻这样的成功吗？

不少见识过泡沫的金融观察家指出，将数亿美元投向这些层出不穷的区块链企业太疯狂了。《金融时报》颇具影响力的《阿尔法维尔》（Alphaville）专栏就曾对 ICO 和"加密兄弟"大加嘲讽，警告说这一切终将惨淡收场。然而，这种来自金融机构的末日预言在硅谷的泡沫中并没有激起什么水花，那里的科技精英正在讨论同行发表的一篇文章。

一篇题为《关于代币的思考》的文章解释了 ICO 式的募资将如何促进金融民主化，并向来自全球的投资敞开大门，初创公司不再需要依赖一群风险资本家才能起步。硅谷的高手们很快就会进入赛场，与全球的代币买家竞争，投资新公司。这篇文章的作者是巴拉吉·斯里尼瓦桑，他三年前去过币基的办公室，看上去像是一个具有常春藤盟校创意的流浪汉或毒贩，他现在是安德森 & 霍罗威茨风投公司的合伙人。通过邮件，《关于代币的思考》在硅谷投资者圈里迅速传播，引发了 FOMO（错失恐惧症）的热潮。不久之后，风投界开始向已经有充裕现金的新兴加密行业注入大量资金。

对风投公司来说，押注加密技术是一种对冲。如果巴拉吉是对的，那么即将到来的代币经济将颠覆硅谷长期以来在初创公司领域的主导地位。因此，不如试着去了解一下这个新兴行业的内幕，毕竟它可能使沙山路变得无关紧要。沙山路是位于帕洛阿尔托和门洛帕克之间，拥有最负盛名的风投公司的著名地带。

美国人深陷与日俱增的加密狂热中，但与太平洋彼岸发生的事情相比，这根本不算什么。在韩国，投资加密技术变得像购买共同基金一样普遍，2017 年，该国 1/3 的职工拥有数字货币。其中很大一部分人来自低收入阶层——他们称自己为"土勺子"，并将拥有加密货币视为一次千载难逢的机会，用以颠覆他们认为受到操纵的阶级制度。韩国电视台则煽风点火，制作了类似于游戏比赛的节目，参赛者竞相推出新币。与此同时，在日本，抢购加密货币的不只有年轻人。在东京街头，零售店如雨后春笋般涌现，为老年人和不熟悉加密技术的人提供了一种简单的购买方式。这些商店揭下了密钥、钱包和区块链的神秘面纱，允许顾客走到柜台前，就像点面条一样购买数字货币——这是币基用户友好策略的实体版。

2017 年中期，一系列新代币加入了比特币、以太坊和莱特币等加密巨头的行列中，这些代币已通过 ICO 大量涌入市场，比如流动币（Qash）和夸克链（QuarkChain）。不管前景有多模糊，几乎所有人都承诺它们将成为下一个比特币，或至少跟它差不多。以承诺成为牙医首选加密货币的牙科币（Dentacoin）为例，其ICO筹集了110万美元。在各种加密货币价格不断飙升的市场中，为什么不趁着其他币种竞相涨价之前，迅速投资一个全新的ICO呢？似乎每天都有一种不知名的货币成为百分百的爆款，然后又激发了下一轮ICO。

相关媒体将这种新币的泛滥称为"山寨币"（Altcoins），即比特币的替代品。比特币的忠实信徒为这些山寨币起了自己的名字——"垃圾币"（Shitcoins）。批评人士声称，新代币是在不可靠的技术上发展起来的，然后通过不负责任的营销手段疯狂出售。

在这种狂热中，可能震惊于猖獗的投机行为，摩根大通首席执行官杰米·戴蒙在纽约的一个独家投资者会议上，对包括比特币在内的加密货币进行了猛烈抨击。他愤怒地表示，一旦发现自己公司的交易员买卖数字货币，他就会以愚蠢为由解雇他们。他警告说，加密货币不会有好下场。"这是一场骗局，"他补充道，"比郁金香泡沫还要糟糕。"

但市场既不关心戴蒙的话，也不关心垃圾币的批评家们。加密货币的价格持续高涨，ICO有增无减。

在国会山，美联储主席珍妮特·耶伦在国会做证时被一个乱入的恶作剧者抢了镜头，他手里拿着一张写有"购买比特币"字样的黄色便笺。耶伦神情严肃，而"购买比特币"

这几个字像一个思维泡泡一样浮在她的脑袋旁，这张图片成了加密社区的另一个热门话题。

因为恶作剧，这个被称为"比特币标志男"的家伙获得了6个比特币的捐款，约合2.5万美元。

到2017年6月，比特币的价格已经是当年年初的3倍，达到了3 000美元，创历史新高，而以太币的价格则上涨了30倍，达到了380美元。许多长期持有加密货币的人，现在都已经身家数百万美元或数千万美元，他们兑现了囤积的部分加密货币，用以投资市场上新的数字货币。与此同时，那些通过ICO暴富的人通常会将这笔意外之财投入其他数字货币的ICO中，为加密热潮注入更多资金。

涨潮抬高了所有的船只，包括币基，它正在签约数以百万计的新客户——不管它是否有能力为这么多人提供服务。

· · ·

2017年6月，币基员工的日子过得相当不错。旧金山天气宜人，加密货币和股票期权不断增值，让人心情越发愉悦。然而，就在6月22日早上，行市突然暴跌，直接跌破底线。员工们紧紧盯着屏幕，先是难以置信，然后开始恐慌，最后陷入绝望。一头因最近一次ICO的收益而膨胀的鲸鱼（用来比喻资金雄厚、影响力巨大的投资者），突然将价值数百万美元的以太币抛售到 GDAX 上，导致以太币的价格暴跌。这引起了其他人的抛售，以太币的价格继续下跌，循环往复。以太币直线下跌，它在 GDAX 上的价格从 320 美元跌至 300 美元以下，然后一落千丈，跌至 13 美元，并在短时间内跌至 10 美分。

这是一次典型的闪电崩盘。2010 年，在传统交易所也发生过类似事件，当时一位伦敦的交易员制造了虚假交易，暗示即将出现抛售，引发了美国股市 30 分钟的混乱。这位交易员的荒唐举动愚弄了市场上的其他人——尤其是那些在股票跌破某个价格时设置自动卖出指令的人。这些由机器触发的抛售导致其他机器也加入了抛售大军，完全不管价格如何，也不管抛售是否合理。宝洁和埃森哲咨询等老牌公司的股价一度仅为几美分。证券交易所在停止了一切交易，并取消了机器驱动的自由交易中发生的所有交易后，崩盘才停了下来。

2010 年的闪电崩盘导致主要交易所采用了一种称为"熔断机制"的系统，该系统在出现异常的、不合逻辑的波动时将自动暂停交易。7 年后，币基居然没有这样的系统。具有讽刺意味的是，该公司在当月早些时候进行了一次闪电崩盘的桌面模拟，但没有人想到要设置熔断机制。

在闪电崩盘事件中负责监督 GDAX 的亚当·怀特将责任

归咎于自己，但也归咎于那些头脑发热的外行人。这些人不是代表机构进行交易的专业交易员，而是所谓散户交易员，在 GDAX 强大的平台上用自己的账户进行交易。"这些散户无法保护自己，"亚当回想道，"这就像你给了他们一把机枪，却发现他们根本就控制不了。"

不只是散户投资者因自动卖出指令而蒙受损失，币基的许多员工也一样，他们在 GDAX 账户上设置了如果以太币跌至某个价格以下就自动抛售的指令，然后只能沮丧地看着他们的自动卖出指令以几美元的价格平仓。客户对崩盘怒气冲冲，许多员工遭遇财务困境，办公室士气急剧下降。

两天后，布赖恩宣布币基将兑现闪电崩盘期间发生的交易，同时也会赔偿在混乱抛售中遭受损失的所有人——这对币基来说是一个双输的局面。不过，这在位于交易两端的客户（以及以为自己已经一无所有的员工）那里保持了良好的信誉。但这一举动使币基损失了 2 000 万美元，随后引发了美国商品期货交易委员会的调查。

事实证明，闪电崩盘对币基来说是一次昂贵的教训，尽管在这几个月的加密狂热中，它并不是唯一一家吸取惨痛教训的公司。普通投资者也损失惨重，不过与币基在闪电崩盘中遭受的损失不同，他们的不幸并非出于无心之过，而是由于这股热潮催生出了加密货币掠夺者，他们推出了一系列无耻的骗局，瓜分那些贪婪和容易受骗的人的钱。

．．．

"Bitcooooonnnnnect!"舞台上传来一个声音,"嘿,嘿,嘿!你说什么? Bitcooooonnnnnect!"

演讲者是一个名叫卡洛斯·马托斯的拉丁裔秃顶男子,名气不小。他来回走动,商家咧嘴笑着,大力鼓掌。他身后的舞台上呈现出蓝色背景和一个大大的"Bitconnect"[①]标志。然后他又大声叫喊:"Bitcooooonnnnnect!"马托斯高声吼道,以引得更热烈的欢呼声。接着便是推销惯用的话术:讲述他如何利用 Bitconnect 将 40 000 美元变成 120 000 美元,而且很快就会把它变得更多。

马托斯通过一个网站进行投资,该网站鼓励客户进行比特币交易,并获得一种新的加密货币——称为"Bitconnect",他们可以将其借出以获得每月高达 40% 的收益。如果客户让别的客户注册了 Bitconnect,则可以获得更高的收益。撇开加密细节不谈,Bitconnect 是一个老套的庞氏骗局。

有一段时间这玩意儿运作得还不错。2017 年末,Bitcon-nect 代币的价格达到了 450 美元的历史新高,但是美国联邦调查局开始对其进行调查,几个月后 Bitconnect 平台关闭,其代

① Bitconnect 是一个传销币项目,被认为是加密货币界中最著名的高收益投资庞氏骗局之一。——编者注

币价值暴跌。如今，数百万 Bitconnect 代币一文不值。Bitcon-nect 代币曾是第 20 位最受欢迎的加密货币，而购买 Bitconnect 代币的数万人如今却血本无归。唯一剩下有价值的，是马托斯用约德尔调高声喊出的那句"Bitcooooonnnnect"，后来成了网络热梗以及《上周今夜秀》节目的素材，该节目由约翰·奥利弗主持，是一档记录时事的深夜喜剧节目。

Bitconnect 的投资者并不是加密骗局的唯一受害者。其他人则被 ICO 退出骗局所害，其肇事者甚至都没有经营公司做幌子。相反，他们推销了一种新加密货币的承诺，但只停留了足够长的时间来收集首次公开募资收益。之后，他们就消失在互联网中。

做一个骗局实在是太容易了。启动 ICO 所需要的只是一个网站和一份白皮书。最恶劣的骗局中，骗子只需复制粘贴其他白皮书中的技术术语，然后再加上一个新标题就行了。一些网站为了更好地兜售这种代币，故意设计了 ICO 倒计时、营销口号和 ICO 团队的公司故事。当然，团队介绍通常是虚构的。不少 ICO 网站将以太坊创始人维塔利克·布特林列为高管或顾问，但实际上他与这些项目毫无关联。

一些具有黑客技能的骗子找到了一种从 ICO 中更快获利的方法，即劫持它们。他们会悄悄控制真正在进行 ICO 的网站，然后在筹款开始那天，更改网站上指定用于收集比特币和以太币的钱包的付款地址。真正的 ICO 团队一脸惊恐，只能眼睁睁地看着投资者的资金被转移到黑客手中。

币基也不得不与黑客竞争，以防止他们不断窃取用户账户里的资金。尽管该公司加强了网络安全水平以对抗入侵者，但对于放弃加强其账户密码安全系数的客户却无能为力。通常，这是对客户 Gmail 账户进行网络钓鱼攻击的结果，类似于 2016 年美国总统竞选之前俄罗斯针对民主党政治特工约翰·波德斯塔的攻击。一旦币基客户的 Gmail 账户被泄露，黑客可能会要求该用户重置密码从而窃取其加密货币。

与银行和其他网站一样，币基需要双重身份验证——客户必须在更改密码之前输入发送到他们手机上的验证码。然而，黑客通过贿赂 AT&T（美国电话电报公司）等移动电话公司的员工，找到了绕过这一障碍的方法。为了换取几美元，一个腐败的（有时是天真的）员工会同意更改与客户账户关联的 SIM 卡（用户识别卡）。这将允许黑客拦截币基发送的身份验证代码并盗用客户的账户。该方案听起来很复杂，但在加密世界中非常普遍，被称为"SIM 卡交换诈骗"，这将导致针对电话运营商的集体诉讼。

其他骗子瞄准了经常与犯罪计划挂钩的社交媒体（加密文化的重要组成部分）。在推特上，骗子用布赖恩和维塔利克的照片创建账户，并宣布他们将在特别促销活动中赠送比特币和以太币，他们告诉那些想得到这些免费的加密货币的目标推特用户，必须先发送少量加密货币，当然，这些资金会立即被骗子收入囊中。推特最终关闭了仿冒账户，但诈骗者会继续创建新账户。这个问题太普遍了，以至于维塔利克将其推特名称更改为"维塔利克不会赠送以太币"。

在 Telegram（加密社区中非常受欢迎的消息传递应用程序）上，骗子进行有组织的活动来操纵市场。一个被称为"大泵"（Big Pump）的电报小组会挑选一个鲜为人知的代币，并同意集体购买。他们希望，有兴趣的买家的涌入会在市场上引起轰动，诱使天真的局外人也参与进来购买这种代币，从而使其价值飙升。然后，电报小组的内部人士将出售其头寸，完成经典投资骗局的加密版本，即"哄抬价格，逢高卖出"（pump and dump）。但是，那些希望快速付款的人实际上并不是骗局的始作俑者，而是受害者。像"大泵"这样团体的组织者已经购买了要哄抬价格的加密货币的头寸，让那些可能的阴谋者沦为受骗者，这些受骗者将以虚高的价格购买加密货币。加密行业涌入了太多的"笨钱"，诈骗者捕食诈骗者。

加密狂热已经失控了，名人代言使泡沫进一步扩大。2017 年 7 月 27 日，拳击手弗洛伊德·梅威瑟在 Instagram（照片墙）上发布了一张自己在飞机上的照片，他身旁有一个装满现金的手提箱。"8 月 2 日，我要在 Stox.com 的 ICO 上大赚一笔。"他给这张照片配了这样一句话。

在体育界，甚至在加密圈中，很少有人听说过 Stox，它声称可以提供一种基于区块链的方式来预测赛马和其他体育赛事。该公司来源不明，商业计划也不成熟，可这并没有阻止这位名人拳击手参与其 ICO。梅威瑟在 Instagram 的后续帖子中告诉大家："从现在开始，你可以叫我'弗洛伊德·加密·梅威瑟'。"

不久之后，希尔顿家族继承人帕丽斯·希尔顿在推特上表示，她热切期待参与一款名为"Lydian"的代币的推出，在一场充斥着流行语的完美演讲中，这款代币承诺"在区块链上提供人工智能营销"。

· · ·

而在华盛顿，美国证券交易委员会看着 2017 年发生的一桩桩事件，既惊讶又恐慌。公然的骗局太多了，非常糟糕，但 ICO 的前提也是如此。毕竟，美国法律规定，在没有向美国证券交易委员会注册的情况下向普通人出售证券是非法的，公司在这一过程中应该遵守相关会计制度和透明度准则。然而，这些 ICO 似乎就只干一件事：出售证券。发起人可能会称其为货币，使用大量区块链行话，但对全世界来说，其出售的东西看起来就像股票或其他证券。

布赖恩可能想重构证券交易委员会，但有关 ICO 的这些事件在某种程度上证明了美国证券交易委员会的日常工作极有价值。没有其监管，你会遇到 Bitconnect，你会遇到"哄抬价格，逢高抛售"，你会遇到贿赂、网络钓鱼和 SIM 卡交换诈骗。

而且这些诈骗规模惊人。

CoinDesk 报道说，2017 年第二季度，ICO 已经狂揽 7.29 亿美元。这是风险资本家（初创公司的传统金融引擎）同一时期投资的 3 倍多。ICO 热潮没有放缓的迹象。

7 月末，美国证券交易委员会打破沉默，发布了一份有关 DAO 项目的报告。该项目是 2016 年推出的一种自主投资服务，后被黑客入侵，引发了以太坊区块链的回滚，从而引起了大家的关注。黑客破坏了以太坊世界，但是对于美国证券交易委员会而言，重要的是 DAO 最初是以 ICO 的形式向投资者发行代币的。美国证券交易委员会表示，出售这些代币相当于出售证券。

DAO 的报告表明，美国证券交易委员会终于开始关注加密货币了，但这也不过是警告而已。美国证券交易委员会承认，它没有发布有关加密货币的规则，因此 DAO 的组织者在技术上并未违犯法律。因此，该机构将使用 DAO 事件来提醒其他可能的代币卖家：除非组织者首先向该机构注册其加密货币，否则美国证券交易委员会将把未来的 ICO 视为非法。

这本应使席卷美国的加密热潮稍微冷却，但结果并没有。消息传出几个月后，比特币价格又创下历史新高，接近 5 000 美元。以太币的价格也飙升了，上百种代币的价格都飙升了。

厚颜无耻的加密技术推广者继续进行 ICO。美国证券交易委员会被视为金融市场强有力的警察。但是 2017 年的加密热潮规模让该机构措手不及，就像是购物中心的一名警察面对一大群暴乱的青少年，恳求他们平息下来一样。

到 2017 年下半年，加密热潮已涌入主流。CNBC（美国消费者新闻与商业频道）开始每天不间断地报道如何购买比特币。唯利是图的公关机构突然冒出来，通过"一揽子 ICO"套餐来促进新的代币销售。狡猾的律师想出了一种称为"未来代币简易协议"的法律安排，承诺可以规避美国证券交易委员会最近宣布 ICO 相当于证券销售的声明。

同时，在纽约和旧金山等加密中心，兰博基尼跑车越来越多。豪车——本就已经是厚颜无耻的财富宣言——已经成为加密界的护身符，加密界的人常说："什么时候买兰博基尼？"其实就是指："代币什么时候会暴涨？"多亏了加密货币价格飙升了 10 倍或更多，许许多多钱多人傻的年轻人在回答"什么时候买兰博基尼"时可以说："现在就买。"兰博基尼的销售额同比增长超过 10%。

加密热潮的最后一剂燃料来自比特币衍生产品，称为比特币现金。2015 年开始的关于比特币区块规模的长期内战没有取得成果，比特币现金就是这一未竟事业的结果。一部分中国"矿工"对比特币持续拥堵深感不满，于是推动了一项计划，以推出更大区块的新版本加密货币。

比特币现金的推出意味着设计一个"硬分叉",就像一年前以太坊经历的激进软件更新一样,这将导致出现两个相互竞争的区块链。尽管在大多数长期比特币信徒中,"分叉"并不受欢迎,但持不同政见者的影响力足以引导大量用户使用其竞争对手的货币。

结果不知为何,比特币现金出现后,成了价值数十亿美元的第四大最有价值的加密货币。这也意味着,任何在分裂之前持有比特币的人都会获得等量的新货币,这是纯粹的意外之财。这就像在不太可能的牛市中向股票所有者发放大量现金股息。许多收到比特币现金的人将其出售,并将收益重新投入过热市场的其他部分。

加密货币的价格已经与现实世界的价值没有多少关系了,并且还在一路攀升,投资者不断买入。20 世纪 90 年代互联网繁荣时期购买股票,被时任美联储主席艾伦·格林斯潘描述为"非理性繁荣",而与 2017 年的加密狂欢相比,购买股票看起来还是相对理智的。

奥拉夫在离开币基以后,一直在他的加密对冲基金中高歌猛进。使命落在了他身上,需要他来给这个时代画上一个感叹号。一头蓬松的金发,一身笔挺的西装,奥拉夫的照片为《福布斯》杂志的封面增色不少。在照片中,他精明的目光直视镜头,手上随意抛着硬币。照片下方,粗大的字体写着:"有史以来最疯狂的泡沫。"

第十二章 ── 。 币基崩溃

纳塔莉犹豫许久，迟迟不肯按下"发送"键。纳塔莉是币基的资深人力资源专家。虽然这封电子邮件是她几周前就写好了的，但是她一直不愿意发出去。她甚至希望，要是这封邮件可以永远留在草稿箱就好了，但是那个早晨，币基收到的炸弹恐吓远比以往任何一次都更加令人不寒而栗，并且更加可信。这封字里行间透露着不祥气息的全大写电子邮件就是为了通知全体员工保持镇定，尽快逃离公司大楼。她盯着屏幕，内心无比纠结，她应该点击发送吗？她必须做出决定。

纳塔莉坐在旧金山币基总部宽敞的开放式办公室的办公桌前，不知道下一刻公司会不会乱成一团。遥想三年前刚加入公司时，她只是布鲁索姆街公寓里一个小小的办公室主任，如今她已升任经理，并即将成为副总裁。这个头衔很耀眼，薪水则更是诱人。现在她十分想念早期的币基。那时候公司体系还不成熟，她可以带头与布赖恩和奥拉夫以及一小部分像家人一样的员工在纳帕谷开热浴派对，或就在旧金山开办火舞表演班。那时安全性对他们来说也不那么重要。在布鲁索姆街上，时不时有奇葩来敲门，那对他们来说也是家常便饭。现在，币基正在聘请美国联邦调查局前特工，并起草电子邮件通知全体员工紧急撤离。

并不只有纳塔莉坐立不安，内心慌张的还有安全总监菲利普·马丁，他向来把疑神疑鬼当作他的工作，如今派上用场了。"不断有不明包裹送到我们的邮政信箱。"他回忆道。同时，炸弹恐吓和其他暴力事件几乎每周都会发生。最近发生的一起报案导致币基大楼外的市场街上到处都是旧金山警察局的警官。虽然事实证明不过是一场乌龙罢了，但这样一来只会让公司内部日益增长的不安加剧。

为了应对这一最新威胁，纳塔莉再次与安全团队进行了磋商。她将电子邮件放进草稿箱。炸弹恐吓是切切实实的风险，而在工作场所散布恐慌也同样有风险，她祈祷自己做出了正确的决定。

公司高层要担心的事不止于此。该公司的政治调停人物迈克·伦普雷斯曾长期在美国司法部任职，他担心，万一有组织犯罪真的将目光投向币基，会出现不可预知的风险。安全咨询公司化险咨询（Control Risks）的记录显示，平均每季度便会发生两次与加密货币相关的绑架事件。这背后的原因在于，加密公司的公开财务报告正是犯罪分子选择目标的参考来源。"这些家伙太愚蠢了，"伦普雷斯说，"他们认为只要绑架布赖恩，他就会交出比特币。硅谷真的不适合应付像俄罗斯或意大利黑手党这样的老派暴徒。"

马丁还担心，随着关于比特币或者币基的宣传日益增长，歹徒有可能策划物理抢劫。这就是为什么2017年布赖恩和其他加密公司的高管很少在没有保镖陪同的情况下公开露面。这些犯罪分子还精通应急策略，例如，在绑架或采用暴力时使用暗语。

除了这些安全问题之外，该公司还面临来自客户的威胁。2017年的牛市给币基的容量造成了巨大压力，最终导致技术崩溃，比如6月的闪电崩盘以及越来越多的支持票积压。客户在电子邮件中，尤其是在Reddit等在线论坛上，指责币基窃取其加密货币是早有预谋的。真相当然不是这样。币基只是疲于应对，并且已经承受不住交易量大幅增长和新客户大量涌入。就像一只勇敢的狗在激流中划水一样，币基的员工经常在晚上和周末加班，以保持网站的运行并清除积压的工作。但是加密狂热引发的混乱未见平息的势头。然后就到了12月。

. . .

2017年元旦，比特币单价终于回弹至1 000美元，投资者为此欢呼不已。11个月后，比特币突破了10 000美元大关。华尔街一些杰出的思想家针对这一令人难以置信的经济收益提出了简洁的技术解释。高盛的金融工程师采用了一种叫艾略特波浪理论的方法来解释。该理论指出，这种现象背后的大众市场心理符合典型的"推进波形态"。一位名叫J. C. 帕雷斯的金融技术分析师说，此次比特币大幅涨价符合斐波那契数列。这是一种著名的数学模型，来源于贝壳、松果和自然界的其他元素。其他人则称其为投机热，或者只是一个泡沫。

2017年12月的第一个星期之后，比特币突破16 000美元，部分原因在于首尔和东京交易所的大规模交易。在美国，出租车司机和私人教练加入对冲基金和日内交易者的行列，把比特币价格炒得更高了。

比特币热还助长了以太币和瑞波币的暴涨——截至12月，以太币首次冲上1 000美元，而瑞波币从年初时价格只有0.5便士，到现在被炒到了3美元，还有山寨币和垃圾币，总之凡是与区块链沾边的价格都在飙升。至于李启威的作品——莱特币，夏天在币基交易所上市后就突然冒了出来，而到12月中旬，其价格从年初的4美元上涨到了350美元。在一个精巧的时机，李启威在涨势接近历史最高水平的情况下，抛售了自己持有的全部莱特币，从中收获了2 000万美元。

随着价格的不断攀升，12月初布赖恩发表了一篇题为《请负责任地投资》的博文，他在文中冷淡地警示客户加密货币投资的波动性。市场毫不理会，价格持续攀升。

布赖恩呼吁"负责任地投资加密货币"是无效的，甚至在人们看来是虚伪的。毕竟，币基提供了一项让"不负责任地投资"变得容易的服务：用信用卡购买加密货币。虽然投资一个充斥着"泡沫"的市场是轻率的，但用维萨卡或万事达卡购买加密货币是非常鲁莽的。布赖恩可能对他所目睹的一切感到担忧，但对于那些用高额利息信用卡来投资的人，他没有向其收取4%的服务费。摩根大通、美国银行和其他信用卡发卡机构对此感到震惊，并将在几周内禁止使用信用卡购买加密货币——这个迹象表明许多用信用卡购买加密货币的投资者正处于资金紧张的状态。

12月的荒唐事件促成了其他意想不到并且同样荒谬的事情。长期以来关于比特币区块大小的内战从未得到解决，这意味着每个区块中只能塞满1兆字节的交易，并且仍然只能每隔10分钟才可以将一个新区块添加到区块链中。现在，随着比特币网络上的用户数量每周激增数百万，曾经的小麻烦膨胀成体量惊人的积压。疏通任何堵得水泄不通的阻塞点——例如纽约市的林肯隧道或洛杉矶405号州际公路——然后交通流量就增加50倍，比特币的区块链亦是如此。这个网络几乎停止了。这意味着，要想确保在区块链上进行交易而不超时，唯一的方法是向维护分类账的比特币矿工付款。拥有受控制的绝望客户群的矿工，开始贪求巨额的额外费用。这样一来，常规交易变得异常昂贵。例如，12月8日，一个名叫克里斯蒂安·弗雷曼的人在推特上抱怨，他向朋友发送25美元的比特币却额外支付了16美元小费。也就是说，在这41美元的交易中有约40%是服务费。当然，比特币用户可以拒绝支付并虚报低价，但这意味着结清交易需要再等待几天——如果最终能结清的话。

· · ·

矛盾的是，比特币取得最伟大成功的时刻——它第一次闯入主流时——也展示了它最彻底的失败。在中本聪的愿景中，他曾承诺将会有一种新民主形式的基于互联网的资金，使用这种资金时费用很少或限制很少。然而现实是，2017年12月的比特币是一个臃肿且功能失调的网络，相比之下用西联汇款转账既便宜又高效。同年12月，迈阿密的一次大型加密会议强调了比特币已变得多么不切实际，随后该会议宣布，将不支持用比特币支付报名费。

12月初比特币突破15 000美元时，该网络已堵得天昏地暗，一笔笔账户转账费用更是天文数字。尽管如此，这些糟糕的事实还是无助于平息需求。由于疯狂的投机者购买了越来越多的比特币，比特币价格继续以每天 1 000 美元的幅度上涨。所有人都想从中捞一点好处，包括那些和加密货币无关的公司。例如，一家名为"长岛冰茶公司"的不知名饮料公司更名为"长区块链公司"。随后，这一举措促使该公司股价上涨 200%。后来，这家公司接受了美国证券交易委员会的内幕交易调查，并从纳斯达克退市。

12 月 17 日，比特币首次冲上 20 000 美元，创下了历史纪录。现在，一个比特币的价值与一磅黄金持平。美国 CNBC 已将一半以上的广播时段用于介绍比特币狂热，将枯燥的股票和债券报道晾在一边，转而邀请加密专家——他们当然预测比特币价格会飙升得更高。

· · ·

似乎世界上有一半的人正在进入加密领域。对于其中许多人来说，他们的第一站是币基。2014 年 2 月，该公司拥有 100 万客户，而几年过后，客户增加到了 2 000 万。12 月的大多数日子里，每天都有超过 100 万人注册自己的第一个币基钱包。在该公司位于市场街的总部内，亚当·怀特把老员工召回公司来帮忙，因为币基每天的交易订单价值 40 亿美元。他们为每日的收入数字而欢欣鼓舞。同时，币基成为苹果手机应用商店中下载次数最多的应用程序。而就在不久前，因公司提供加密货币交易，苹果将其应用程序从应用商店中下架。现在币基比脸书以及推特更受欢迎。

币基正联合风险投资专家打算大干一场。公司在赚钱，而且金额可观。该公司正在受理数百万笔比特币、以太币和莱特币的交易，并且从每一笔交易利润中提取一部分作为酬劳，所以说该公司的利润率很高。虽然币基必须在工程师身上投入大量心血，但执行交易的成本几乎为零，只需要将数字尘埃移入和移出客户的钱包就可以了。如果客户购买了100美元的比特币，那么币基可以向其收取2.99美元，这实际上是单纯的利润。

"我第一次见到他时，布赖恩说：'我想成立一个10亿美元的企业。'"凯蒂·豪恩回忆道。这位曾经的联邦检察官转行成了斯坦福大学的加密学教授，最近加入了币基董事会。现在，布赖恩已经实现了这个目标。12月注册用户的激增意味着2017年币基的收入将超过10亿美元，就在几个月前，它已经取得了独角兽的地位，成了一家估值超过10亿美元的初创公司。币基并不是一般的独角兽公司，董事会成员巴里·舒勒几个月后透露，它的市值为80亿美元，并且成了美国十大最有价值的初创公司之一。币基之于加密的意义，就相当于优步之于打车的意义和爱彼迎之于房屋租赁的意义。

对于布赖恩而言，所有这些都证实了他6年前在Y Combinator抓住了"公开的秘密"。他已经认识到，如果有一种简单的方法，那么会有更多的人购买比特币，此时币基的成功证明了他是对的。现在，他还实现了一个一直以来的勃勃雄心——这一雄心激励了那些技术远见者，影响了他的家乡圣何塞以及延伸到圣何塞以北的著名山谷。

随着比特币价格达到历史新高，布赖恩的公司几乎成了一家印钞厂。然而，曾经某段时间这家公司的发展过热。随着 12 月客户的大量涌入，比特币经济发展过快使币基几近崩溃，甚至有同归于尽的念头。

• • •

币基的第二号员工克雷格·哈梅尔解释说："我们公司都是专业的软件工程师，大家对基础设施一无所知。"

该公司已经采用了硅谷的方案，那就是使用任何可以帮助它迅速吸引客户的工具，包括初创公司非常了解的工具，例如用于管理数据的 MongoDB（基于分布式文件存储的数据库），以及用于应用程序的 Heroku（支持多种编程语言的云平台）。此类工具可以用于扩大初创公司的规模，但不适用于处理百万级敏感交易。币基正在使用西海岸编码进行相当于东海岸银行的加密。扩展约会应用程序是一回事，而管理数百万人的钱是另一回事。"这种工程是很难的。用像 MongoDB 这样的工具来制作原型是可以的，但对于重大的财务运营来说就不行了。"李启威说。

在建造币基时，就好像布赖恩和其他工程师建造了一座精心设计的加利福尼亚州海滨别墅，然后受到东北风暴的袭击被吹到缅因州海岸。当然，那座房子经受不住狂风暴雪的袭击。业主会后悔没有采用质量更可靠的建筑材料而导致房子摇晃、吱吱作响，最终坍塌。这就是 2017 年 12 月币基的真实写照。该公司的资深律师胡安·苏亚雷斯回忆那次飞去匹兹堡与家人过圣诞节，飞机才刚着陆，他就收到布赖恩要求他立即返回的紧急信息："当时我真的很想骂脏话。就像独自一人在峭壁上俯瞰着大海，此刻世界上所有的狂风都压在我们身上。"

12 月之前，由于网站的某些部分开始崩溃，客户交易被推迟了。然而，就在圣诞节前几天，网站承受不住数百万新用户的突然涌入，一时之间陷入了崩溃，并且持续了几个小时。客户订单最终由于技术难题而告吹，愤愤不平的用户在 Reddit 和推特上大发雷霆。

不仅如此，提供存款服务的银行合作伙伴也使币基的技术障碍雪上加霜。该公司最大的欧洲银行合作伙伴是一家名为"LHV"的爱沙尼亚银行，没有使用 API（应用程序编程接口），而是要求币基在电子表格中手动上传交易。币基的程序员编写了脚本来自动填充电子表格，却发现他们一次只能上传 50 个项目，这种感觉就像试图在算盘上做微积分。

无论哪里出现故障，心怀不满的客户和意识形态上的对手都不会放过币基，他们会在网上大肆宣泄对币基的负面情绪，引导舆论并煽动键盘侠来逼公司退网。

除技术困窘之外还有领导力真空。原因在于，即使该公司的业务量增长了3倍多，其高管团队规模却在缩减。弗雷德1月从公司离职，他在公司早期创造的军事化效率将再也不能为公司所用，而奥拉夫的离职则意味着公司损失了一名首席"内部外交官"。奥拉夫自身具备某种与众不同的品质，这种品质让每个与他共事的同事都对他感到很满意，在自我驱动的硅谷中尤其如此，同时他在发现问题和解决办公室冲突方面的能力尤为难能可贵。11月，随着交易量开始激增，布赖恩只有两名资深高管——亚当·怀特和消费者部门的总经理丹·罗梅罗——来帮助他避免公司彻底陷入崩溃。尽管董事会开始收到朋友们抱怨公司一团糟的电子邮件，但是他们并没有意识到缺乏高管团队的严重性以及日益严峻的客服问题。

克里斯·狄克逊和董事会其他成员提出了他们心目中的解决方案。就像古怪的谷歌创始人一度需要硅谷的所谓"成人监督"，并且得到了资深首席执行官埃里克·施密特的监督一样，币基董事会获得了阿西菲·赫尔吉的支持。赫尔吉原本是一位资深银行和电信高管，后来在风投公司安德森＆霍罗威茨任职。

11 月投机狂潮期间，就在 12 月荒唐事件发生之前，赫尔吉担任了币基的第一任首席运营官。这就像在五级大火中开始一份新工作。他说："公司在那一年的交易量增长了 40 倍，这么大的阵仗他们应付不来的。我们不知道手头有多少现金，也许赚了 2 亿美元，也许欠着 2 亿美元，这太荒谬了。"

同时赫尔吉也对币基的金融基础设施感到震惊。因为他曾目睹自己的公司股份因为用了公司一个非常规的交易软件而不翼而飞，当他第一次深入了解币基藏在表面之下的机制时，他担心历史会重演。但是在 12 月的交易狂潮中，任何重大修复都必须耐心等待，就像试图在空中更换战斗机的引擎一样，币基所能做的就是坚持和祈祷。

· · ·

然而，越来越多的客户失去了耐心。比特币的价格在一天内波动数千美元，越来越多的订单延期或干脆泡汤，这种情况简直令人抓狂。客户一直想知道其订单是否以一个比特币 16 000 美元或 19 000 美元的价格成交，或者是否已经成交。愤怒滋生了阴谋论，一些人认为币基的技术问题只是偷钱的诡计，为此他们决心要报复币基。纳塔莉回忆说："这些人说：'我们要到你们的办公室来，把炸弹引爆，还要开枪打死所有人。'"

币基的资深产品经理琳达·谢回想起那些仇视币基的极端分子在 Reddit 上传员工和公司办公室的照片时，不禁不寒而栗。他们不满足于在网上宣泄愤怒，后来甚至在旧金山的街道上闹事。很快，她不再在旧金山的加密聚会上透露自己的身份，因为她厌倦了被厌恶币基的陌生人随意搭讪。这付出了代价。

琳达说："我很惊讶这对领导层造成了巨大影响。我意识到人们没有放过 Reddit 上的任何一条评论，他们把自己代入别人的评论，并且为他们读到的东西感到难过。人们认为币基是一个钱包黑洞，但是他们不听我们解释。"

就算币基在手忙脚乱之中推出客户服务也无济于事。即使在创立早期，公司也不擅长解决投诉。那时候最先采用的方法是由奥拉夫编写一个自动程序来阻拦数千封电子邮件，在该程序中有一个名叫罗杰的虚拟客服会自动回复邮件。几年后，当布赖恩终于意识到客户支持总监的重要性时，他没有求助于刚毕业的工商管理硕士或零售业资深人士，而是在 Reddit 上发布在线测验招募候选人。

用纳塔莉的话说，这位新来的总监是"一个内向且可爱的人"，他几乎不是客户服务的最佳人选。于是客户支持团队又招募了其他成员，录用他们的主要理由是他们喜欢比特币。当然，尽管这一品质符合在线加密公司的要求，但不一定有助于平息众多客户的愤怒。

通常情况下，在出现同样水平危机的情况时，硅谷的初创公司会求助于专门从事科技领域和危机沟通的公关公司来解决问题或至少遏制事态恶化。然而，布赖恩发现打通媒体关系既浪费时间又浪费精力，于是他开始专注于计算机工程事务。然而，2017 年，随着对媒体的需求愈加紧迫，他只好委托币基的工程师戴维·法默来处理。由于对危机公关一无所知，法默讨厌这项任务，但他还是默默咬紧牙关，因为大量记者不断发送电子邮件来询问为什么公司似乎正处于崩溃边缘。

12 月 19 日，比特币现金即比特币与大区块的衍生产品发布，供币基客户买卖。由于价格意外飙升，新产品几乎立即乱套了，部分是"购买"订单数量激增造成的。事实证明，无论发售价格是高还是低，许多客户都会毫不犹豫地下单购买。推出比特币现金仅 4 个小时后，币基就不得不停止交易以解决混乱局面，但这样一来又得罪了更多客户。有人注意到，在币基宣布交易比特币现金之前的数个小时，比特币现金出现了不寻常的价格飙升。信奉阴谋论的极端分子很容易将这些点联系起来。至少，这次活动看起来十分可疑，导致社交媒体上的舆论进一步发酵。有一条推特写道：

我不管你怎么想，这就是内幕交易！持有大量比特币的人知道币基会增加比特币现金数目，并从中收割很大一部分利润。我不管你是谁，你们让加密市场看起来就像华尔街。太不要脸了。

为了回应这场轩然大波，布赖恩宣布币基对内幕信息交易采取零容忍政策，并将进行内部调查。当然，该公司不会发现任何不当行为的证据。但在事件发酵的背后，币基的高管悄悄下架了 Slack 上一个称为"交易战略"的信息发布渠道，这个渠道原本是公司内部消息的传递系统，员工可以在其中交流如何从加密交易中赚钱的想法。

2018 年，愤怒的客户就比特币现金崩溃向币基提起集体诉讼。次年，一名联邦法官宣布币基应该因其过失行为而受审。

· · ·

12 月 31 日，就在比特币价格打破 20 000 美元纪录两周后，当时所有加密货币都处于平稳状态，只有比特币从历史高点暴跌 35 个点，大多数人预计它将继续这种纠正性暴跌。交易量的下降在一定程度上缓解了转让费居高不下的问题，尽管交易仍然缓慢且昂贵。币基仍然深陷技术困窘和客户愤怒的泥沼中而无法自拔。

当旧金山短暂而阴郁的一天即将结束时，布赖恩尝试了一种新方法来解决重创币基的危机。他去了一个熟悉的地方——Reddit，在那里他感到宾至如归。他发了个帖子："币基的首席执行官在这里——我们已经做好充分的准备来为客户提供支持。有人会回复你的支持请求，请耐心等待。你的币没有'丢失'。对交易延迟我们深表歉意，让客户糟心绝非我们的初心。"

第三部分

从加密寒冬到加密未来

第十三章

———

。 宿醉

彼得·法洛被电话吵醒，仿佛置身于一个鸡蛋之中，蛋壳被剥开了，只剩一层壳膜在保持鸡蛋完整不破。啊！那层壳膜就是他的头，朝右枕在枕头上，蛋黄重如水银，像水银一样来回滚动，压迫着他的右太阳穴、右眼和右耳。如果他起来接电话，蛋黄，水银般的蛋黄，那水银般剧毒的一团，就会开始移动，然后来回滚动，造成壳膜破裂，他的大脑也会因此而脱落。

——汤姆·沃尔夫，《虚荣的篝火》

沃尔夫的这段描写被认为是小说中最好的对于宿醉的描写。用它来形容 2018 年初的加密货币行业也挺合适的。当时的加密货币市场正经历一个自由落体运动，比特币对半贬值，到 2 月已跌至 10 000 美元以下，山寨币的情况更糟。刚开始几个月，大型投资者还可以假装泡沫并没有破灭，可以像沃尔夫笔下宿醉的主人公一样，祈祷泡沫不会破灭，钱也不会流失。

但小型投资者却很难做到这般自我麻痹。他们大多是才接触加密货币不久的新玩家——拿信用卡买了 15 000 美元或 18 000 美元的比特币，或者用存款投注了某个垃圾币的 ICO。面对价格不断暴跌的惨况，他们只能眼睁睁地看着，什么也做不了。到了 4 月，比特币跌破 7 000 美元，并且还在持续下跌。除比特币外，很多空有白皮书和噱头的数字货币下跌了 90%，甚至更多，再无回升可能。那些购买了崛起币（Emercoin）、新经币（XEM）等异国代币的人，其遭遇跟 17 世纪荷兰郁金香的期货买家以及 18 世纪购买南海公司股票的人如出一辙。与几百年前那些不幸的欧洲人一样，加密货币购买者也是现代投机泡沫的受害人。不过，郁金香好歹还有实体，加密货币却是看不见也摸不着的虚拟产品。他们用现金换来的只有数字尘埃。

据媒体报道，2017 年，很多普通投资者都借助加密浪潮收获了意外之财。而如今，故事却发生了转折，变得悲伤起来。《纽约时报》记录了一个英国人的惨痛教训，他将自己 23 000 美元的积蓄全投进了山寨币，而现在这些山寨币只值 4 000 美元了。Reddit 上的一个故事更惨。一位用户在评论区留言，说投资波场币让他赔得倾家荡产后，妻子便离他而去了。波场币曾被炒到 23 美分的高价，现在的交易价格却只有 1 美分。有些读者会互相安慰，坚信市场会反弹；而有些读者则给出了预防自杀热线的电话号码。亚洲作为加密狂热的起始地，更是一片愁云惨雾。有一则新闻广为人知，一位来自韩国釜山的母亲讲述，她 20 岁的儿子在交易加密货币几个月后，亲手结束了自己的生命。

尽管业余买家和小型投资者都已经心灰意懒，其他人却认为，继 2017 年的盛况之后，2018 年的加密行业方兴未艾。投资达人彼得·蒂尔透露，他名下的创始人基金持有的比特币头寸已达 2 000 万美元。风险资本家披露了他们在加密热潮高峰期孵化的交易，其中，亿万富翁蒂姆·德雷珀名下的基金公司给加密存储设备制造商 Ledger 投资了 7 500 万美元。ICO 并没有完全过时——Telegram 宣布通过发行代币筹集了 5 亿美元。柯达曾是纽约州北部引以为傲的相机制造商，其首席执行官宣布推出柯达币——一套管理区块链照片的不成熟方案。这一策略没有多少成功的希望。

泡沫破灭后，加密狂热引起的文化过剩却没有消散。在加密行业年度贸易展览会共识大会上，一群兰博基尼车主故意将车停在曼哈顿的第六大道上博人眼球，由此拉开了整个事件的帷幕。展区内全是一些不靠谱的公司，他们的人挤得整个走廊密不透风，想要搞清楚几个月前还自由流转的巨额资金到底去哪儿了。与此同时，1 600 英里外，一群 20 多岁的富豪来到波多黎各。他们到来时，岛上的居民正努力重建被飓风"玛利亚"摧毁的家园，不过这群年轻的百万富翁，有些是亿万富翁，还有另一个首要目标——建立"波托邦"（Puertopia）。这将是一种新型城市，在这里，人们只用加密货币付款，法律也写在区块链上。对于刚来到岛上的那群人来说，"波托邦"是他们对于人间天堂的设想。而在其他人眼中，它意味着"加密兄弟正在寻找避税天堂"。不到两年时间，"波托邦"计划就不了了之了，该岛总督——这一计划的支持者——因贪污而颜面尽失，惨淡离职。

尽管经济基础在 2018 年初崩溃了，但加密货币仍然受到媒体和大众文化的持续关注。《金融时报》专栏《与FT共进午餐》就专门介绍过维塔利克·布特林——要知道，平时这个栏目报道的都是像杰夫·贝佐斯、安格拉·默克尔和安吉丽娜·朱莉这样的人物。在那篇文章中，这位以太坊创始人讲述了他最近与俄罗斯总统弗拉基米尔·普京围绕加密技术展开的一场谈话，对于很多数字货币通过 ICO 牟取暴利的情况，他表示非常痛惜。布特林称："有些项目一点人情味都没有，它们的运行模式就是'哎哟，涨价啦。那个谁，快，买买买'。"随着以太坊的名声越来越响，他的脾气也越发古怪了。

到 2018 年春，好莱坞的编剧们也开始关注起加密狂热的衰落。电视剧《亿万》中，男主角鲍比·阿克塞尔罗德利用加密货币逃过了美国证券交易委员会的交易限制。据称，这个角色的原型就是对冲基金亿万富翁史蒂夫·科恩。剧中，鲍比交给手下一个 U 盘，说道："这是 100 万美元加密货币，冷存储。"

几天后，HBO（家庭影院频道）推出的情景喜剧《硅谷》也效仿播出了一集，情节围绕加密货币展开。这一集讲的是主角伯特伦·吉尔弗伊尔想出了一套方案，可以通过 ICO 分配"魔笛币"——他为自己公司的代币取的名字。魔笛币在加密货币领域中赢得了一席之地，但它却算不上 2018 年发行的最有名的虚拟货币。《硅谷》有关魔笛币的那集播出后没几天，有消息称又有代币将进行 ICO，叫作"豪伊币"，整个加密世界都为之沸腾不已。豪伊币官网称将推出一种新型加密货币，可以用于旅行付款，或作为投资进行交易。另外，官网表示还为提前购买的投资者提供了折扣优惠，作为 ICO 的常规操作。

然而，结果却是豪伊币是美国证券交易委员会精心策划的一场恶作剧，目的是引起人们对 ICO 背后潜在风险的警觉。"豪伊"这个名字源自最高法院处理的一起关于证券出售的案件。那些轻易就上钩并试图购买豪伊币的人，都会被重新定向到美国证券交易委员会的网页，警告他们投资需谨慎。

联邦监管机构对整个行业进行钓鱼执法，这可不是天天都有的，因此"豪伊币"事件为美国证券交易委员会赢得了广泛关注。那个假的豪伊币官网上甚至还有一位著名拳击手的代言——弗洛伊德·梅威瑟去年发誓要靠 ICO "大赚一笔"，视频不太精致，却反复播放。

事实证明，美国证券交易委员会颇具幽默感，但它对加密行业掀起的执法浪潮可不是在开玩笑，它就像一只沉睡的灰熊，被人戳了一次又一次，最后终于醒了，准备要给出惩罚了。

1月，美国证券交易委员会主席杰伊·克莱顿在一年一度的证券律师聚会上发表了演讲，令加密行业的从业者不寒而栗。克莱顿称，有些参与 ICO 的律师，其行为"令人不安"，并谴责他们助长了那些敛财行为。"有些数字货币进行 ICO 时，一方面，相关律师像是一位协助发起人，帮助构建具有多项证券发行关键特征的产品，却称为'ICO'，这听起来与'IPO'很像；另一方面，他们又声称这些产品不是证券，发起人不必完全遵循证券法行事。"克莱顿斥责道。

这句话的意思是：你们应该建议客户不要出售这些垃圾——而不是帮助他们实现倾销。

美国证券交易委员会也曾试图传达这一信息。早在 2017 年 7 月，它就已经警告说 DAO 项目已经构成了一种无牌证券发行。但当时的加密界却很少有人知道或关心它发出的警告。7 月的这份警告发出后不久，一位名叫马可·圣托里的精明律师发表了一份名为《未来代币简易协议》的文件。这份协议是对初创公司投资合同《未来股权简易协议》的复刻，并且承诺要以安全合法的途径启动代币发行。有了这份协议，代币发行的派对好像又可以继续进行下去了。

圣托里这种颇具进攻性的律师手段，为他赢得了科律律师事务所的理想职位。科律律师事务所是硅谷一家著名的律师事务所，长期以来为顺应科技行业的发展提出了很多创新性策略。例如，在互联网兴起之时，它是首批同意初创公司以股权而非现金预付律师费用的公司之一。因此，圣托里和他那份神奇的《未来代币简易协议》看起来非常适合科律律师事务所，直到克莱顿那次发表的指责律师教唆出售无牌证券的决定性演讲。演讲结束后不久，圣托里在科律律师事务所的短暂旅程便戛然而止了。

与此同时，ICO 的声誉进一步衰落。《华尔街日报》的调查记者仔细研究了 1 400 多份 ICO 文件，得到了一些严峻的发现：这些文件中，有 271 份传递出危险信号，如剽窃或伪造高管资料，资料上的照片都是从照片网站上盗来的。很多人都警告过代币发行充满了骗局，而现在，证据越来越多了。

《华尔街日报》发表这篇报道时，旧金山和纽约的人正沐浴在暮春的光辉之中，而加密圈的人却称这段时间为"加密寒冬"。这个词最开始出自那些沮丧的投资者之口，后来在社交媒体上流传开来。随着加密货币的价格不断下滑，人们越来越清楚地认识到，在未来很长一段时间内，加密寒冬的凛冽都不会过去，春天不会到来。

· · ·

2018 年初，突然涌现出了一批对加密货币的投资，如彼得·蒂尔那笔 2 000 万美元的投注，让一些人相信泡沫还没有破灭。但到了 5 月，大家便清楚地认识到，大好时光已经一去不复返了。对加密货币投注较少的散户投资者最先感受到阵痛，接着便是大额投资者。日本软银集团创始人孙正义也曾在比特币市场达到顶峰时买入，几个月后抛售头寸时却亏损了 1.3 亿美元。作为一家投资银行，高盛曾因拒绝接受新技术而令弗雷德·埃尔扎姆失望辞职，但它最终好像还是来到了比特币领域。在受到一系列新闻的嘲弄后，高盛透露，它正在创建一个加密货币交易平台，并且似乎是为了强调这一战略的前卫性，还任命了一位绑着头发、笑容迷人的 38 岁男性来做平台主管。然而，这项战略最终还是夭折了。几个月后，高盛撤销了该计划。

加密技术的主流时代已经过去了，曾经做过尝试的人都收手了。市场再次归于寂静，金融界的权威人士都不想参与其中。似乎是为了强调这一点，5 月沃伦·巴菲特向投资者解释说，比特币"可能是老鼠药的平方"，而其长期顾问查理·芒格则将加密货币交易比作"痴呆症"。（两年后，一位加密货币首席执行官拍得了与巴菲特共进午餐的机会，后来却又取消了，有报道称他正在接受中国相关部门的调查。此举无疑让巴菲特更加坚定了自己的看法。）

加密寒冬的余波甚至蔓延到了我们想象不到的地方。在得克萨斯州罗克代尔的辽阔平原上，镇领导人充分展现了南方人的热情好客，以吸引加密货币矿业巨头比特大陆（Bitmain）在此开设矿场。之前，美国铝业公司在当地的燃煤电厂关闭，罗克代尔遭受重创，比特大陆若到来，则意味着有望为当地创造上百个高薪工作岗位。为了达成协议，罗克代尔的政治领导人为该公司制订了一项为期10年的减税计划，还拿出了啤酒和得克萨斯烧烤来款待公司的高管。

"保管让你们吃好喝好。"面对可能的加密救世主，领导人拖长了音调。然而，加密货币的价格仍在持续下跌，得克萨斯人的期望还是落空了，比特大陆决定不再执行矿场计划。

随着2018年接近尾声，内行人的投资行为也开始销声匿迹了。几个月前席卷金融领域的对冲基金也关上了对外的大门。到年底，30多家加密基金宣布永久性停牌，而最著名的基金之一——亿万富翁迈克·诺沃格拉茨名下的银河数码（Galaxy Digital），这一年亏损了2.72亿美元，令人大跌眼镜。即使是在加密世界的许多角落都享有先知地位的奥拉夫，也无法逃脱愈演愈烈的行业泡沫。《华尔街日报》曾刊登出一幅嘲讽画像，将奥拉夫描绘成了一个半吊子怪人，而他名下的多链资本则深陷亏损和法律纠纷的旋涡。画中的奥拉夫站在书架前，一副目中无人的样子，书架上摆了两本华莱士所著的《无尽的玩笑》。

· · ·

旧金山市场街上，布赖恩·阿姆斯特朗与币基也经历了加密寒冬。到 2018 年 12 月，比特币跌至 3 000 美元出头，跌幅达 85%。比特币价格全面暴跌，对币基的收入造成了不小的冲击。长期以来，币基一直在寻找新的收入流，但其收入的主要来源仍然是交易佣金，3 000 美元的 3% 显然无法与 20 000 美元的 3% 相提并论。而且，他们可收取的佣金也变少了，自 2017 年 12 月的盛况之后，客户的交易活动减少了 80%。

除了收入下滑之外，币基在其他方面的问题也越发严重。泡沫期间该公司声东击西、死缠烂打的行事手段有一定的违法嫌疑。比特币现金客户针对 2017 年 12 月的崩溃提起诉讼。美国国家税务局对币基的客户资料进行反复筛查。更糟糕的是，愤怒的客户向美国证券交易委员会提出了 100 多项申诉，指控该公司对他们的资金处理不当。因此，币基与老牌律师事务所达维律师事务所一直保持业务往来，而达维律师事务所开出的费用为每小时 2 000 美元。惹恼客户和政府的代价太大了。

不过，币基仍然有理由保持乐观。得益于价值 3 亿美元的 E 轮融资和老虎环球基金的支持，其财务状况还算良好。这笔融资金额甚至超过了它在繁荣时期完成的融资总额。很多知名初创公司都处于赤字状态，如优步和 WeWork（共享办公服务商），每个季度都会流失数十亿美元，而币基却实现了盈利。另外，币基也不存在兄弟会式的企业文化，不用担心公司向内坍塌。WeWork 就曾因首席执行官被报道嗜酒、抽大麻而惨遭上市滑铁卢。

更重要的是，加密寒冬为币基提供了喘息的机会。如果说 2017 年是一场盛大的派对，那么 2018 年就是用来打扫碎玻璃并更换被砸坏的家具的一年。这段沉寂期给了币基时间，以改正错误行为并解决长期存在的客户服务问题。布赖恩表示："和平时期的情况与战争时期大不一样。"他仍然保持乐观。对于其他人来说，这场寒冬仿佛就是世界末日。而在他看来，2018 年的情形跟 2015 年所经历的萧条一样，当时也有很多人认为加密行业要消亡了。而他则选择砥砺前行，并且将这次低迷作为重新调整以期回升的契机。

此次调整包括将控制权移交给首席运营官阿西菲·赫尔吉，他是币基董事会为了推动成人监督引进的人才，2017 年 11 月入职。没过多久，赫尔吉就进入了工作状态。赫尔吉认为，币基之所以在 2017 年 12 月陷入彻底崩溃的困境，是因为公司运营存在三点严重风险：保险覆盖不足；会计系统混乱，无法判断公司是上涨还是下跌 2 亿美元；被称作"对冲系统"的自营可操作交易系统随时有可能崩溃。

前两点风险很容易解决。为了更好地推进成人监督，赫尔吉聘请了经验丰富的阿莱西亚·哈斯作为首席财务官，让他来解决保险和会计问题。对冲系统的问题则需要另谋出路。

最初引入对冲系统的是弗雷德·埃尔扎姆，当时币基没有自己的交易所，只能从公开市场获取比特币。对冲系统利用公司自己设计的算法来推算交易加密货币的最佳时机，不仅满足了公司日常运营的流动性需求，还有机会从不同银行和交易所之间的微幅差价中套利。

这套自主研发的对冲系统是币基老员工的骄傲，但在赫尔吉看来，它却是罪恶的根源。他回忆道："12月的时候，对冲系统出了问题，差点毁了整个公司。我以前也碰到过这种情况，如果交易公司继续使用这样的自制系统，必将导致自身的毁灭。由于系统算法出现了配置错误，没人知道交易内容是什么。因此，我决定进行改革，废除这套对冲系统。"

赫尔吉打赢了这场改革战。很快，币基便废除了对冲系统，改用一种代理交易模型——仅在市场存在交易对象时才接受交易。赫尔吉认为，币基原来的交易模型依赖的是黑匣子，而黑匣子的稳定性很差，随时都有可能崩溃，他通过改变公司的交易模型挽救其命运。

币基的领导层也在逐步企业化。多年来，币基的高管层就只有布赖恩和弗雷德这两位创始人，一句"穿过砖墙"的空洞口号，外加一群还算有资历的外行。赫尔吉挖来了领英的资深高管埃米莉·蔡，并任命她为业务发展副总裁，负责收购小型加密公司。另外，他将公关副总裁的位置交给了蕾切尔·霍罗威茨，她充满激情，拥有满腔热血，但在负责脸书和推特的危机公关期间却得不到有效发挥。（在此之前，币基的媒体公关事务是由戴维·法默负责的，他是一个经济学家，很讨厌公关，却被布赖恩指派到了这个岗位。有了霍罗威茨的加入，他再也不用忍受记者的电话骚扰了。）似乎是为了向媒体强调其新姿态，币基还聘用了埃利奥特·萨瑟斯，这位毒舌的澳大利亚人因为担任曾经的共和党副总统候选人萨拉·佩林的教练为大家所熟知。

这下，布赖恩不用再什么事都亲力亲为了，终于有时间享受个人生活了。他报了飞行课，还和女演员约会。但他想用比特币向世界传播金融自主权的热情却从未消散，他发起了一个慈善基金：捐献加密货币（Give Crypto）。理性如他，相信减轻贫困的最佳方法是给穷人捐款。他表示，捐献加密货币的目标是建立一个 10 亿美元的基金。

在赫尔吉负责团队组建，布赖恩立志拯救世界的这段时间，加密货币泡沫带来的"宿醉感"并没有消失。加密寒冬也还在持续。币基在自己的金融堡垒中悠然地等待着春天的到来。若不是及时发现之前存在的严重错误，这个公司差点就没救了。

第十四章

———○

『把我们打得落花流水』

2019 年奥拉夫在曼哈顿的一家餐馆一边喝茶一边说道：
"太多成功让你不那么渴望成功，不那么自律，不那么偏执
多疑。"

　　几年前，他第一次到币基上班时，穿着一件优衣库正装
衬衫。如今，奥拉夫不再是稚气的少年模样，但他的眼睛仍
然闪烁着炽烈的光芒，他一如既往地热衷于谈论清醒梦。现
在，30 岁出头的奥拉夫肩负着一项不可能完成的任务：通过
其加密基金多链资本为风投公司安德森 & 霍罗威茨和其他高
估值的风投公司管理资金。他曾在币基任职，现在仍然对它
非常关心——他和布赖恩是密友——但对他的前雇主的发展
状况感到担忧。

　　"币基太舒适了，"他补充道，"在一次董事会会议上，我
们讨论的都是：'我们要怎么花这些钱来逃避纳税义务？'"

在奥拉夫看来，币基应该探索加密技术的新领域，而不是完善其企业的金融游戏。

· · ·

事实证明，2017年的现金盛宴确实造成了自满情绪。币基进入加密寒冬，认为它可以简单地等待下一次上涨，同时花时间抢购小公司，并修补受到破坏的基础设施。这个策略很明智，但同时也很糟糕。当币基坐等市场转向时，它无法解释为何加密货币在经济低迷时期也会快速发生变化——这些变化有可能使币基过时。该公司就像一个司机在调校一辆老式的别克，即使竞争对手正在隔壁车库里彻底清洗一辆保时捷。

布赖恩的新对手是赵长鹏。赵长鹏戴着无框眼镜，留一头黑色短发。在公开场合，他常穿一件黑色连帽衫，上面用黄色的字印着他公司的名称：BINANCE（币安）。自2017年崭露头角以来，赵长鹏已经成为继中本聪和维塔利克之后加密史上最具颠覆性的人物之一。

赵长鹏出生于中国江苏省，12岁时和家人跨越太平洋，在温哥华开始了新的生活。他的父亲是一名教授，说话直言不讳。多年后，这一特点也体现在赵长鹏身上。在加拿大，十几岁的赵长鹏通过在麦当劳里装薯条、在加油站上夜班来帮助家人。与此同时，他也不断磨炼自己在金融和计算机方面的能力。

赵长鹏的编码能力为他赢得了麦吉尔大学计算机科学专业的入场券，然后他在全球各大金融中心工作。同其他加密领域的著名人物一样，赵长鹏开始到处奔波，起初在东京证券交易所兼职开发软件，后来在纽约的彭博社工作，之后又去了北京，在那里开发高频交易工具。

直到 2013 年，36 岁的赵长鹏发现了比特币，他着迷了。对比特币的新激情引领他来到伦敦，并在区块链（Blockchain）公司任职，这是一家加密钱包公司，由本·里夫斯创立，里夫斯本来会是币基的联合创始人，但布赖恩在创业前夕抛弃了他。在某种因果报应中，里夫斯将帮助赵长鹏启动其加密事业，赵长鹏也会成为布赖恩最大的竞争对手。

赵长鹏在区块链公司不断发展，然后在另一家加密货币平台 OKCoin 蓬勃发展，但他真正想要的是在行业内打上自己的烙印。他一直在等待时机，2017 年，他选择出手。随着 ICO 热潮达到顶峰，赵长鹏发行了自己的代币，筹集了 1 500 万美元来资助其新公司，这是一家名为币安的交易所。

币安不是普通的加密货币交易所。基于一个巧妙的商业模式，赵长鹏鼓励客户使用币安币，也就是他在 ICO 中出售的代币，从而获得交易佣金的折扣。这意味着，如果客户使用比特币在币安交易所进行交易，那么支付的费用可能为 10

美元，但如果用币安币支付费用，则只需要 5 美元。与其他新的加密货币不同，赵长鹏的币安币很有用。

拥有币安币有点像持有纽约证券交易所的母公司美国洲际交易所的股票。这些股票是一种投资，会根据交易所的表现而出现涨跌。但就币安币而言，这些股票也可以用来购买在交易所上市的股票。

为了进一步提高新货币的价值，赵长鹏安排交易所每季度销毁给定的币安币供应。这有助于减少币安币的整体供应量，抬高其价格，相当于传统金融中的公司股票回购。

只用一招，赵长鹏就设计了一个系统，既提高了用户的忠诚度，由币安币提供费用折扣，同时还创造了一种有价值的新货币。在 ICO 后的几个月里，该币的市值突破 10 亿美元，到 2019 年，它成为第六大最有价值的加密货币。赵长鹏本人也加入了布赖恩和温克勒沃斯兄弟的行列，成为加密领域的亿万富翁。

这次成功的一大原因是赵长鹏的另一项聪明之举：币安将不再开展使用传统货币（美元、欧元、日元）换取加密货币的业务，只提供"加密货币至加密货币"的交易。这意味着客户可以将比特币换成以太币，或将以太币换成莱特币，或将莱特币换成其他数十种加密货币。

对于赵长鹏来说，加密货币至加密货币的安排有一个明显的优势：币安不需要触碰法律法规的地雷——传统银行系统。赵长鹏还采用了另一种策略，避免与美国财政部以及美国和欧洲的许多其他机构纠缠不清，他将币安总部设在小岛屿国家，这些国家的政府急于开展业务，对美国式的银行规则不甚在意。"美国等地的战略需要大量律师和游说者，"赵长鹏笑着说，"我更喜欢像马耳他这样的地方，在那里我可以打电话给总理，直接和他对话。"

赵长鹏精明的策略为币安赚了很多钱。新的交易所在客户中大受欢迎。然而，这些客户仍然需要一种方法来将政府发行的钱首先转换为加密货币，许多人转向了币基。但这家总部位于旧金山的公司只支持四种加密货币，而且收取的费用比币安更高，这导致许多交易者立即将他们的新币转移到了赵长鹏的交易所。反对的声音开始在加密圈里回响："币基只是币安的一个入口。"这意味着虽然币基是加密领域的长期明星，但却已经沦为门卫的角色，在人们涌入豪华夜总会并订购酒水服务时，收取一点服务费。

对于想买一点比特币或以太币的普通投资者来说，币基仍然符合要求。但对于狂热的交易者和铁杆的加密货币粉丝来说，币安币和数十种他国资产的诱惑是不可抗拒的。币安就是未来。"币安把我们打得落花流水，我们却没有应对策略。"币基的律师和政治调停人迈克·伦普雷斯回忆道。

不到一年的时间里，当布赖恩和币基正在打扫其商店，等待市场复苏时，币安超越了币基和其他成熟的交易所，成为世界上最受欢迎的加密服务商。

• • •

伦普雷斯推动了一项计划，让币基拆分为两个法律实体，一个在美国等监管严格的地方开展业务，另一个在百慕大等监管天堂运营，并提供数十种加密货币。该计划毫无进展，早在 2018 年，币基就带着同样的四种货币一起跌跌撞撞地前行。长期担任工程师的克雷格·哈梅尔回忆起公司增加狗狗币的计划，狗狗币十分新奇，灵感源于柴犬表情包，其中一只可爱的小狗用蹩脚的英语说着愚蠢的短语。狗狗币有一批崇拜者，在过去本来应该是很容易添加进去的，但是随着币基新官僚机构的发展，计划陷入了停滞。"我们本来是要做的，"哈梅尔回忆道，"但后来在会议上讨论时，有人说看不到投资回报。他们看不到价值。它不能为币基赚钱，尽管客户想要更多的资产，但币基不会增加这些资产。"

这是一家初创公司，员工曾一起经历风风雨雨，而如今它却更像是一家呆板的中年企业。

同时，币安在不断创新。它推出了一项名为"启动板"（Launchpad）的营销服务，邀请新的加密项目购买币安币，以换取交易所的宣传。为了凸显赵长鹏的雄心壮志，币安制订了挑战以太坊的计划。在托管其他加密货币时，维塔利克的智能合约平台仍然是领头羊，即使是币安也依赖于以太坊，但赵长鹏认为它太慢了。他决定，现在是时候让币安建立自己的区块链了。

当币基对狗狗币犹豫不决时，赵长鹏却在制订计划，重塑下一个加密时代。他的功绩使其成为该行业的传奇人物。CoinDesk 上的一篇文章称赞"币安缔造了不可思议的辉煌"，不带任何讽刺。

赵长鹏有那么出色吗？大概吧。但是有些人认为，币安迅速崛起至少有一部分归因于币基及其投资者的傲慢。一位曾在亚洲市场工作过的加密领域的企业家表示，币基没有看到币安，是因为目光短浅，很难看到什么。"人们认为加密技术是下一个趋势，因此硅谷将主导这一趋势。"这位企业家说，"而傲慢和偏见对一家在西方市场诞生的公司有利。"

那些在脸书和优步上大赚特赚的投资人也认为币基会造成致命的垄断。错了，这位企业家说。相反，加密世界的赢家反而是像币安这样的公司，它们的首席执行官都经过了亚洲市场的实战检验。"亚洲不在币基的考虑范围内，"他说，"我看到那里的文化差距，对它们来说是无法弥合的。"

并不是每个人都被币安惊艳到。文塞斯·卡萨雷斯是阿根廷早期比特币的设想者，也是 Xapo 的首席执行官，他认为币安只是另一个通过规避规则迅速崛起的加密牛仔。卡萨雷斯预测，赵长鹏的币安将面临和 Mt. Gox 或 Poloniex（加密资产交易平台）一样的下跌情况，这两家交易所曾经主导加密交易，但由于丑闻和监管问题而受到打压。

作为币基的首席运营官，阿西菲·赫尔吉负责与币安抗衡。他表示，竞争对手的交易所无法维持运营。赫尔吉怀疑，围绕币安崛起的大部分炒作都建立在洗盘交易等肮脏的商业行为之上。这是一种常用伎俩，公司或交易所借交易的两面性来描绘用户活动的虚假情况。"在处理别人的钱时，'跑得快却把东西弄坏'是行不通的。"赫尔吉说，"你必须迅速行动，而且必须瞄准。接下来会发生什么？我想那个家伙要进监狱了。他是个骗子。"

对于赵长鹏是天才还是骗子，人们可能意见不一。但在2018 年中期，双方都会同意一点，那就是币安确实把币基打得落花流水。到了 4 月，布赖恩和董事会终于决定采取行动。币基需要有人带头对笼罩公司的官僚主义进行攻击。布赖恩认为，需要一个能像将军一样指挥的人，然而他们得到的更像是一个无赖的特种兵。

第十五章 —— 。权力斗争

巴拉吉·斯里尼瓦桑从包装袋中拿出一块泰特巧克力曲奇，碾碎放到碗里，又拿出另一块碾碎，然后拿出了第三块碾碎。他又从冰箱拿出混合在一起的牛奶和奶油，倒在曲奇碎上，吃了起来。现在是2018年6月某一天的凌晨1点30分。巴拉吉看着旧金山的夜色。

白天的能量消耗殆尽，不安与寂静笼罩着市场街，把这个金融区包裹了起来。旧金山已经入睡，但巴拉吉还很清醒。他嚼着碗里的食物，脑中想着加密领域。

4年前，他穿着脏裤子出现在币基布鲁索姆街的办公室里，高谈政治经济学家阿尔伯特·赫希曼的理论。起初，当时的员工误认为他是流浪汉，但很快就被其想法所吸引，巴拉吉关于金钱和技术的想法十分出色。现在，正是这份出色驱使币基聘请巴拉吉担任公司的第一任首席技术官。

巴拉吉是硅谷耳熟能详的人物，他在斯坦福大学教授统计学，还是风投公司安德森 & 霍罗威茨的几位创始人之一，在基金行业里，巴拉吉以 300 页长的幻灯片而为人所知。巴拉吉在遗传学方面专业知识颇丰。2016 年，新上台的特朗普政府与他进行了面谈，请他管理美国食品药品监督管理局。谈及加密技术，巴拉吉认为它是留给天才的最佳话题。"区块链是自浏览器和操作系统推出以来最为复杂的技术，"他说，"需要对密码学、博弈论、网络、信息安全、分布式系统、数据库和系统编程有深度了解。只有少数人掌握这种知识。"

言外之意是，巴拉吉认为自己是其中一员。不过，币基聘请巴拉吉的不仅仅是因为其聪明才智。自 2017 年弗雷德离职以来，布赖恩倍感孤独。巴拉吉的精力十分充沛，这种角色的到来有望重振币基早期创新、进取和不畏艰苦的精神。"必须有人来扮演弗雷德·埃尔扎姆的角色。布赖恩需要搭档。"纳塔莉·麦格拉思回忆说。纳塔莉在币基成立之初就加入了公司，担任办公室主任，后被提拔为人力资源副总裁。

巴拉吉同意担任首席技术官，但代价十分高昂。聘请巴拉吉意味着要收购其初创公司 Earn.com，该公司以开发比特币挖矿工具起家，后转型为电子邮件服务公司。用硅谷的行话来说，这笔交易叫人才并购——收购一家公司，以获得其人才。

多家媒体报道，这笔交易高达 1.2 亿美元，这一数字惹恼了许多币基的职员。"币基真是糟糕，"一名币基工程师说，"聘请巴拉吉是在让风投公司安德森＆霍罗威茨清算失败的初创公司。"（这家公司领导了Earn.com的B轮融资。）

如今，董事会成员以及币基的首席运营官阿西菲·赫尔吉——安德森＆霍罗威茨的前雇员——为收购Earn.com而辩护，称巴拉吉值得让他们付出代价。私下来说，他们补充道，实际收购价格其实远低于媒体谣传的1.2亿美元。"考虑到未来可能获得的收益，交易数额便可以想提多少就提多少，说给公众听。巴拉吉自视甚高，所以想要的数额越大越好。"一位币基的内部人士说道。

· · ·

不久之后，巴拉吉以新身份来到币基，给这家公司带来了改变。他在这里最主要的任务是，添加新资产，帮助币基抗衡币安。

几个月来，币安推出了数十种新加密货币，实力猛增，让币基倍感焦虑。而币基还在苦守着四种货币：比特币、以太币、莱特币，以及截至2017年12月晚，首发骤跌的比特币现金。

币基的拖沓不无道理。美国证券交易委员会正在反对那些出售未经许可的证券的加密公司，而币基——作为加密行业自封的"白衣骑士"——必须捍卫其声誉。币基不能沦为不良平台，不能放纵无耻的 ICO 向老年人兜售垃圾币。虽说如此，但币基也有可能过于谨慎——币基当然有能力提供其他代币。

除了因为监管机构而保持审慎之外，币基死守四种加密货币的另一大原因是，其工程战略偏离了方向。币基的工程师并没有致力支持新货币，而是对已有货币修修补补，基于老货币推出捆绑方式和指数基金。

在办公室的另一个角落，工程师们正在建造一个叫作 Toshi 的分布式应用（dApp）的导航工具，布赖恩等人认为它将是加密的未来。分布式应用可以成为一切，从文字处理到市场预测，但分布式应用的不同之处在于，免去中央公司或管理机构的监管。想象一下，将微软 Office（办公软件）中的软件程序在比特币式的网络上运行。与苹果和谷歌的应用商店不同，分布式应用可以在未经任何许可的情况下分发，在世界各地任意的计算机上运行。但作为软件，分布式应用并不是最有效的，尤其考虑到首先需要下载特殊浏览器才能进行访问，但其支持者称分布式应用代表了下一代计算机操作。

未来很可能围绕着分布式应用展开，但在 2018 年，分布式应用的前景看起来十分黯淡。即使最受欢迎的分布式应用的用户数量也不过几百个。奥拉夫等人对币基提出了质疑：为什么还在对 Toshi 和分布式应用修修补补？尤其是在成千上万的人正涌向币安，获取最新的加密货币时。币基好像是一家道路建设公司，不在州际公路上铺设人行道，而是浪费大量时间增添沿途风景，测试新型砾石。这一错误的代价十分高昂，尤其考虑到新货币的基础设施建设极具技术性。

交易所可以提供比特币，但这并不意味着提供其他加密货币会很容易。当然，有些货币是从与比特币或以太币相同的代码库创建的，更容易从交易所获得支持，但这些货币仍然具有自己的特质。但同时，还有一些新货币是根据全新的代码创建而成的，加密货币 Tezos 便是其中之一。Tezos 是一种新型区块链，内嵌投票机制，Tezos 的持有者可以投票赞成或反对其软件的拟议升级。添加 Tezos 这样的货币类似于构建一条全新的装配线，不是像比特币衍生产品那样只需对现有生产线进行改进。在各种情况下，添加新货币意味着需要保障更多代码的安全性，以防范无处不在的黑客。

添加这些新货币是一项艰巨的工作，币基正在奋起直追。巴拉吉的到来应该能够推动其发展，他也没有让大家失望。巴拉吉技术高超，对加密行业有远见卓识，久负盛誉，启发了很多工程师，他还拥有超人般的毅力。冲刺期间——币基的行话，即高强度工作爆发期间——巴拉吉会连续工作很多天，可以在不睡觉的情况下正常工作，午夜和早上 7 点一样精力充沛。而且他几乎不会放慢吃饭的节奏，每次都用泰特巧克力曲奇加上牛奶和奶油的混合物给自己提供几天的能量。

即使在工作狂文化盛行的币基中，巴拉吉仍然能够脱颖而出。从体能上讲，他同样出色。他总是穿着连帽衫，双眼炯炯有神，头发直立，眉毛浓密，胡茬花白，看起来像一只饿狼。但不幸的是，对于许多币基的员工来说，他行事也如狼一般——摧毁任何妨碍他的人。"巴拉吉不是坏人。但他就像一个炮弹，如果你解释不了为什么碍了他的道，上帝保佑——他会给你颜色看看的。"一位币基的员工说。

在短期内，巴拉吉会达到董事会的期望，解决公司蔓延的官僚作风。同时，他也会解决遇到的许多人，包括新上任的首席运营官阿西菲·赫尔吉。赫尔吉是首位提出聘请巴拉吉到公司的人。

· · ·

赫尔吉在加拿大石油小镇卡尔加里长大，有着明显的保守党倾向，在加入币基之前，有 10 年的硅谷从业经历。但从外表来看，他给人的印象仍然是一名美国东海岸银行家，这是他在纽约的德美利证券任职高级主管期间形成的风格。赫尔吉尤其喜爱清爽的白衬衫和昂贵的西装外套，这让他在一家西海岸的加密公司里别具一格。但不久，局势就紧张了起来。

"我记得那顿尴尬至极的晚餐，"回忆起 2017 年 12 月赫尔吉初来时，一位币基的资深人士说道，"赫尔吉介绍自己是东海岸的首席运营官兼总裁。'总裁'这个头衔并不属实，但赫尔吉向布赖恩解释说，在东海岸，总裁与首席运营官是一回事。都是废话。"

在座的其他宾客看着两人你来我往，不知道到底发生了什么。这个家伙是来帮助布赖恩的，还是来取代他的？

赫尔吉首次被介绍给币基的员工时也同样糟糕。某个星期五早上的全体会议上，赫尔吉走上房间前面的小讲台，开始训斥道："我对我们的产品感到尴尬至极。"并以一位公司高管的专横语气怒斥面前的工程师，并称自己会严格管理。

他说的话可能有一定的道理，但他用的方法并不合适，尤其在很多人眼里，他不过是一位加密世界的外来客。对于房间里的很多人来说，加密货币不仅是一种产品，还是他们怀着热情追随多年的思维和生活方式。现在，他们被一个刚刚涉足加密领域的家伙斥责，而且这家伙一周前还有胆在电视上露面，代表币基谈论其重要性。工程师们尤其愤怒。"赫尔吉认为币基的许多千禧一代的员工既自负又冲动。"克雷格·哈梅尔回忆说，"我们反而觉得：'你觉得自己算什么，在 CNBC 上摆专家的谱儿？'"

几周过去后，赫尔吉即将从管理千禧一代的工作里学到其他教训。作为一个在严厉的咨询和企业银行文化中斩获成功的人，赫尔吉需要迅速掌握新知识。他发表了演讲，后来才得知员工埋怨他，他的讲话触发了他们的不满。这到底是什么意思？他想不明白。纳塔莉回忆说："赫尔吉不习惯人们被'触发'这种想法。"

但即使对于人际关系不甚了解，赫尔吉仍然维持好了秩序，改变了初到公司时的混乱局面，他解决了币基交易系统的不稳定性，引入了一批企业高管。此外，他还与最近任命的业务发展副总裁埃米莉·蔡一起，引入了从东海岸管理公司贝恩那里学到的解决问题的决策过程。这个过程叫作RAPID决策法，即推荐（recommend）、同意（agree）、执行（perform）、输入（input）、决定（decide），这对布赖恩来说也是一剂妙方。每当被要求做出重要决定时，布赖恩越来越倾向于不做任何决定。

赫尔吉受纽约影响，在旧金山工作。但正是第三座城市——芝加哥——让他投身币基。他认为，芝加哥这座风城及其众多的期权和商品交易人是加密未来的关键。"人们不太明白，但加密领域的最大交易者其实是芝加哥的电子做市商和自营交易。加密市场原来是技术迷之间相互交易，而两者的到来从他们手中分走了加密市场份额，用订单保证了高流动性池。"他说。

自营交易指利用自有资金参与交易，从交易策略中获利的投资公司，而电子做市商则指专门从事特定股票和商品交易的机构。虽然两者都是纽约金融界固有的机构，但它们主要出现在芝加哥，这证明了芝加哥是拉动美国金融的引擎。

在赫尔吉看来，旧金山的加密工程师的编码能力可能十分出色，但在做市方面，他们只算一群业余爱好者，最好还是去做一些送餐应用程序。真正的人才——知道如何构建金融基础设施的人才，会聚在芝加哥。赫尔吉说，这是币基该去的地方。他推动币基在密歇根湖附近的芝加哥环形区开设办事处，从著名的芝加哥商品交易所挖走高管和工程师，为办事处添补员工。

赫尔吉还监督币基创建了场外交易平台，世可和双子星等竞争交易所很早之前便提供此项服务，迎合了想要谨慎移动大量加密货币的交易者的需求。赫尔吉还坚持在币基创建托管服务，让共同基金等机构客户可以按照联邦法规存储加密资产。

所有这些行动都是期望能够促成币基明确的未来。未来，加密世界抛开了幻想，不再处于法律边缘。赫尔吉毫不在乎中本聪的自由主义愿景。相反，他认为币基需要围绕华尔街和芝加哥历史悠久的金融机构开展业务。比起迎合变幻莫测的消费市场，不如心怀壮志，成为一家金融机构。

对旧金山办公室的许多人而言，赫尔吉的愿景就像是一支朋克摇滚乐队与服饰品牌布克兄弟签了代言协议一样令人振奋。并且，更为严峻的是，巴拉吉试图通过在币基平台上增加外来加密货币来挑战币安，因此它冒有战略混乱的风险。随后不久便产生了相左的愿景，即华尔街与自由主义乌托邦，这在币基内部催生了派系，加密货币的忠实信徒紧紧追随巴拉吉，而倾向于公司权益的一类人则支持赫尔吉。

公司中愿景相左并不罕见。只要首席执行官能像亚伯拉罕·林肯管理由其"劲敌幕僚"组成的内阁那样处理竞争派系，冲突甚至可能是有益的。不过，很遗憾，币基没有林肯这样的领导，有的只是布赖恩。布赖恩不喜欢冲突，面对各派扬言要把对方和公司撕成碎片，他只能袖手旁观。

• • •

"一些人靠忠诚和灵感领导，但巴拉吉靠恐惧和金钱领导。"币基的人力资源副总裁纳塔莉·麦格拉思如是说，她目睹了内讧席卷整个公司。

巴拉吉在引领确立非企业性的加密愿景过程中，风格生硬粗暴但真实有效。人人都说巴拉吉不善与人相处，但他却非常擅长办公室政治。任何妨碍他的人都被迅速挤到了一旁。巴拉吉要么将他们直接解雇，要么借由后台操纵，削弱其影响力，直至他们锐气尽失，主动辞职。

这些受害者包括亚当·怀特。亚当是前空军指挥官和币基的第五号员工，他已升职，负责运营该公司的专业交易平台，而其最新职责为主管该公司在纽约的新办公室。但在巴拉吉看来，纽约办公室是在支持公司的未来愿景，会从他孜孜以求的愿景（即增加新的加密货币资产）中转移资源，因此，该办公室及其员工必须降低地位，不断缩减规模。亚当知道是怎么回事。"赫尔吉在意办公环境中的礼节，并试着以身作则，"他说，"但巴拉吉激进强势，拥有争权夺利的天赋。他将是《幸存者》节目的理想人选。"

亚当对此没什么意见，他有了新的机遇。华尔街最终意识到加密货币的潜力，纽约证券交易所给亚当打来电话，信心满满地向其大叙宏图伟志，打算提供比特币期货并与星巴克进行加密交易，问他是否愿意出任新项目的首席运营官。当然了，他愿意。

亚当飞回币基的总部，把这一消息告诉了布赖恩。几年前，币基的早期团队创立了一种"边走边谈"的模式——走出办公室，透透气，开诚布公地谈谈。现在，亚当和布赖恩走在旧金山的街头，进行最后一次边走边谈。90多分钟里，两人还展开了币基的另一惯例，即坦率地谈谈对方如何做才能有所提升。布赖恩提了一些友善的建议，并鼓励亚当将他们对加密货币共有的狂热求索精神传至东海岸。而亚当向他长久以来的领导提了一个微妙的请求，希望布赖恩能管控公司内部的派系对抗。"布赖恩，最终，有且只有你这个首席执行官才能塑造这家公司的文化。"他说。

好建议也并不总是会被采纳，如此一来，随着巴拉吉赶走了一群设计师和一位首席工程师，政治和权力斗争持续不断、从未减弱。同样被推翻的还有资深律师迈克·伦普雷斯，他曾试图让布赖恩对华盛顿产生兴趣。伦普雷斯曾在司法部高层任职，作为副业，他还担任过富裕硅谷小镇阿瑟顿的镇长，但若与2018年末他在币基的所见相比，这些都不值一提。"我曾是加州一个小镇的镇长，但我从未见过像币基这么政治化的地方。"2019年春季他走出大门时说道。

伦普雷斯对自己被免职处之泰然，还会亲切地谈论布赖恩，而不是他的那些副手。"如果我在他这个年纪就是个亿万富翁了，我会是个浑蛋，"他评价道，"但布赖恩不是。"

不久之后，币基失去了纳塔莉·麦格拉思，几年前她曾通过推行温暖而充满人文关怀的精神帮助这家初创公司克服了"瓦肯星银行家"文化，曾遭遇炸弹威胁，也曾目睹公司内部矛盾丛生。与伦普雷斯不同，她没有那么宽宏大量。"巴拉吉是币基第一个出色的蠢货，"她回忆道，"这改变了我们的领导文化。这就是我离开的原因。我所构建的核心都已不复存在。"

亚当和纳塔莉等老员工的离开并未给赫尔吉造成丝毫困扰，他认为员工流失是正常现象。他说，任何一家扩张中的硅谷初创公司都会在发展到一定程度时，面临其初期管理层无法满足需求的问题，而且如果一家公司快速扩张，其高管团队会更换四五次。此外，在所有戏剧性事件发生的同时，他和巴拉吉都在做着许多事情来解决币基的早期问题。

该公司 4 月聘请银行业资深人士阿莱西亚·哈斯担任首席财务官。终于有人来改革币基松散的现金管理系统了，该公司漫无目的的战略开始收紧。

2018 年初，币基消费者部门副总裁丹·罗梅罗向商业内幕网站炫耀称，该公司正在成长为"加密界的谷歌"，公关团队将这一宣传标语在媒体上大肆推广。这一措辞简洁明了。当然，成为任何领域的谷歌听起来都不错，但成为某一领域的谷歌意味着什么呢？谷歌有很多成功的产品，例如 YouTube、Gmail、谷歌文件、谷歌云等，但是币基令大众感兴趣的产品不过一件而已。同时，公司还在像 Toshi（后来被币基钱包取代）这样缺乏明显吸引力的实验上大肆挥霍。

巴拉吉"重拳出击"手段的一大好处是：次要项目被搁置一旁或直接取消，公司转而专注于自身的头等大事，即增加新的加密货币。币基向美国客户推出了瑞波币和以太经典等新货币产品，同时向海外客户推出了数十种新货币产品，其与币安的差距开始缩小。

但随着巴拉吉不断巩固权力以及淘汰较弱的竞争对手，他与赫尔吉发生直接冲突变得愈加难以避免，而与此同时，后者继续推行以芝加哥和华尔街为中心的战略。高管会议上，二人的紧张关系显而易见。冲突变得异常尖锐，以至于有段时间，加密圈谣言四起，称巴拉吉和赫尔吉曾动手互殴。同许多有关初创公司添油加醋的谣言一样，这不是真的，但每逢赫尔吉以整体利益推动公司发展，大喊大叫的对手总是随之而来。"巴拉吉会插进来大喊道：'去他的！我们需要增加资产！'"一位币基的前资深高管说道，他曾出席过这些会议。

现实政治取代了布赖恩一直试图构建的理想主义。2019年初，这一现象愈加明显，当时该公司着手买入一家区块链分析服务公司。币基长期依赖于一家名为"Chainalysis"的服务性公司，该公司以为执法机构制作取证报告而闻名，为币基提供有关区块链活动的数据。然而，在Chainalysis坚持解析有关币基客户钱包的数据后，以及在一家以色列安全公司报告称一个币基的账户一直在向恐怖组织哈马斯汇入比特币捐款后，该公司终止了与Chainalysis的关系，以便将分析服务置于公司内部。

币基并未自己搭建分析服务，而是选择购入。2月，币基宣布成功收购Neutrino，这是一家意大利分析初创公司，因在欧洲分析区块链而闻名。可惜，Neutrino的创始人还领导了一家名为"黑客团队"（Hacking Team）的公司，该公司与全球一些龌龊的政府勾结开展间谍活动，其中便包括策划谋杀《华盛顿邮报》记者贾马尔·哈苏吉的沙特情报部门。"记者无国界"组织称黑客团队是"互联网的敌人"，因为其代表索马里和摩洛哥的专制统治者从事间谍活动。显然，Neutrino的创始人是冷酷无情的雇佣兵，而现在他们是币基的新员工。

报道与加密内容相关的记者戴维·Z. 莫里斯揭露了币基新员工的丑恶历史后，引起了轩然大波。作为回应，币基一贯敏捷的公关团队踌躇了好几天，最初是对这些指控不予理睬，似乎毫不知情，然后又声称公司高层对黑客团队的所作所为一无所知。但这并没有什么用。公众的愤怒愈加激昂，一个新的话题标签开始在加密社交媒体上流行：#驱逐币基。公司员工对于高管层明显的表里不一也不买账。"他们知道这件事，"工程师克雷格·哈梅尔说，"这显示出他们对于什么是加密技术缺乏理解。加密不同于其他行业。加密技术是由其背后的信条和理想所驱动的。"

随着丑闻持续发酵，布赖恩最终采取了行动。数周的沉寂过后，他来到自己最自在的空间：博客。在那里他宣布币基出了问题，公司将与任何在黑客团队工作的人终止关系。"比特币——以及更普遍的加密货币——涉及个人权利和公民自由的技术保护，"他写道，"我们将解决这一问题，在遵守法律的同时找到其他为客户服务的方式。"

然而，布赖恩刚平息了一场危机，另一场危机又逼近紧要关头。赫尔吉和巴拉吉两大派系间的对抗愈演愈烈，而且巴拉吉似乎占了上风。到2019年初，许多赫尔吉钟爱的项目都千疮百孔。

对赫尔吉最大的打击发生在 2019 年 4 月，当时币基突然关闭了其芝加哥办事处，并辞退了 30 个人。随着巴拉吉积聚了越来越多的盟友和权力，人们越来越反对赫尔吉的愿景，但这归结起来也是钱的问题，这一举动就发生在那段时期。加密寒冬如此漫长，以至于连币基都开始感到憔悴不济。长期在旧金山工作的工程师们心里很不舒服，因为他们得知芝加哥的同行比他们赚得多。硅谷的技术人员对于自己赚得多习以为常，而赫尔吉却决定向中西部的人才支付更高的薪酬，这是一种侮辱。关闭芝加哥办事处解决了多个问题，尽管这对赫尔吉来说是一个沉重的打击。

巴拉吉在内部政治斗争中获胜，但他处理得并不得体。在一次会议上，巴拉吉展示了增加新加密资产的最新路线图，赫尔吉提了一个切合实际的问题：是否存在资产退市的程序？巴拉吉大发雷霆说："你对加密一无所知，你为什么还要问这个问题？"他嘲笑了公司的总裁兼首席运营官。

这让赫尔吉很难堪。不到一年的时间里，巴拉吉在币基制造了严重的分歧，驱逐了许多老员工，挫败了各种于他的愿景无益的项目，甚至关闭了整整一个办事处。他还添加了许多新的加密货币。截至 2019 年中期，币基在世界各地的市场上供应数十种加密货币。并且，巴拉吉还重组了一个陈腐的官僚机构，然后他就辞职了。

币基的董事会制定了巴拉吉的合同，每过一段时间（他的情况是一年）就会支付给他丰厚的报酬，这是硅谷的典型安排。同前人一样，巴拉吉等待着那些财富铺天盖地而来，然后被他收入囊中，他便可以离开去做其他事情了。

巴拉吉于 5 月初离职，这将结束使公司陷入混乱的派系闹剧。突然之间，赫尔吉意外地看到了一个自由管理公司的良机。2019 年中期，他迈出了大胆的一步，他问布赖恩是否愿意就产品问题向他汇报。

赫尔吉高估了自己。他一直将自己视作公司事实上的首席执行官，并且几个月来一直扮演着这一角色。在此过程中，他在管理层耗尽了大部分政治资本。币基忠实的加密信徒对他不曾有好感，即便巴拉吉离开了，也不会对他产生好感。币基真正的首席执行官终于重申了自己的地位，是时候由布赖恩再次掌管公司了，他回复赫尔吉："不行！"

赫尔吉难以接受这一拒绝，他不能接受地位下降，于是宣布要辞职。布赖恩同意了。赫尔吉现今对那一刻仍耿耿于怀，他当时很快就被带到了门口，既没有任何正式的告别仪式，也没有机会同他的员工道别。自那以后，二人再无交谈。

赫尔吉说，如今布赖恩作为一位领导者，还有很多东西要学："布赖恩真的是个好人，但他纠结于自己的角色。每一位成功的首席执行官都是以下三种角色之一——对产品富有远见卓识的人，能够凝聚文化和人才的人，或是极其擅长推销的人。布赖恩不属于其中任何一个角色。"

几周后，布赖恩坐在 TAK 餐厅里，望向哈得孙河上的一艘船，对赫尔吉或他的想法毫不关心。这是一家乡村俱乐部风格的餐厅，地处纽约炫目豪华的哈得孙园区，他坐在朋友（真正的朋友）间倍感自在。

亚当以及弗雷德同他共进晚餐。表面上，弗雷德与那些干劲十足的交易员截然不同，他们将数百万美元砸到了高盛和币基。而他专注于高级时装，并开始穿扎染的皮草马甲和雪地靴。他不再每晚盯着屏幕上的 Reddit，现在，他与坎耶·维斯特以及其他名人交往。但他与布赖恩的友谊一如既往。二人比从前更为亲密。如今，弗雷德急于说服布赖恩去探索他近期萌生的其他新兴趣，例如禁食。禁食已在富有的科技公司高管间大肆流行。

谈到加密技术时，亚当和弗雷德祝贺布赖恩夺回了公司，三人回忆起种种丰功伟绩，包括他们将币基从一间破烂不堪的公寓变为一家价值数十亿美元的公司。他们一边畅饮，一边大笑，而在宝贵的几个小时里，布赖恩觉得自己回到了布鲁索姆街的那些日子，当时币基不过是一家小型的初创公司。

餐厅之外，一阵热浪向纽约袭来。加密寒冬开始渐渐转暖。

第十六章 —— ○ 比特币的胜利

2018 年 11 月 15 日，加密寒冬降临。那一天，比特币价格跌至 3 200 美元。相较于一年前的最高值，跌幅超过 80%。少数仍在报道加密货币的主流媒体，注意到该行业的跌幅非常大，还有一些专家宣称这次比特币将永久死亡。然而，就像曾经数次发生过的那样，面对唱衰，比特币一路走高，重回牛市。

起初价格仅小幅回升，几乎看不出来。到了 2019 年 2 月，比特币市场大洗牌，价格超过了 4 000 美元，在随后著名的 4 月"愚人节大反弹"中，价格在一天内飙升了近 1 000 美元。5 月，成交价超过了 8 000 美元。6 月，突破了 12 000 美元大关。此后整个夏天，价格一直稳定在 10 000 美元左右。比特币的长期持有者对此十分满意。与此同时，此前退出的对冲基金资金重新涌入比特币市场，热潮漫延至金融界。一切都昭示着比特币又回来了。

不过，并不是所有的加密货币都回来了。ICO 的繁荣时期产生的许多代币，或者说"垃圾币"，仍然臭名昭著。许多代币的价格跌幅仍然停留在 90% 以上。原因很明显，所有本应由 ICO 提供资金支持的大型区块链项目都未能成型，大多数项目的内容甚至等同于白纸一张。为购买代币预先付款的投资者，原本期待着踏上一场非凡的旅程，结果发现这趟旅程根本无从开启，而代币现在一文不值。

有时项目失败是因为某些 ICO 推广者根本就是骗子，但有时项目没有启动，是因为赞助人一旦拥有大量现金，就再难保持推进项目的动力。ICO 创始人发现，在世界各地旅旅游，在会议上发发言，比辛辛苦苦写区块链代码舒服多了，那么即使有好的想法也会失败。

即使是比特币最强劲的竞争对手，也无法逃脱代币覆灭带来的影响。截至 7 月，即使比特币价格相比前一年同期上涨了 62%，以太币的价格跌幅仍高达 68%。事实证明，以太币虽然被誉为比特币的全新更优版本，但已然重蹈比特币的覆辙。以太坊早就承诺要升级代码库，但从未兑现，其区块链交易速度一直缓慢且效率低下。而原本最有可能引导以太坊改进的维塔利克·布特林，行动大大受制于其个人崇拜。"维塔利克鼓掌"是加密界最令人记忆深刻的表情包之一，画面里，在纽约的一艘派对船上，以太坊创造者维塔利克像外星人一样双手合十，学习如何鼓掌。在他周围，有一群年轻的追随者仰视着他，还有一位歌手为他唱着小夜曲，歌曲的副歌歌词很奇特："维塔利克鼓掌，维塔利克厉害。快乐快乐，鼓掌鼓掌，维塔利克真厉害。"即使这是一种不寻常的加密式社交方式，但看起来仍然很奇怪。

另一个想与比特币一较高下的竞争对手——比特币现金，基本上已经溃败。这一货币，诞生于针对比特币区块大小的激烈纷争之中。

比特币在一年时间内上涨62%，同期比特币现金却下跌了75%。雪上加霜的是，随着支持大区块的一派成功分离出了比特币现金区块链，比特币现金自身开始不断分叉，加剧了分歧和不稳定性。比特币现金一度被视为比特币的潜在替代品，现在看起来却像是一个丑陋的廉价仿制品。

尽管以太币和比特币现金表现不佳，但它们仍然坐拥数十亿美元市值以及忠实粉丝和开发者基础。在无止境的下跌之中，数量庞大的垃圾币就没这么幸运了。

在加密狂热的高峰期，"前寒武纪大爆发"一词成为会议聊天的常见话题。这个词以地球演变初期涌现出无数生命形式这一现象，类比成千上万加密货币的推出。2019年，专家们引用了另一个生物界术语"大灭绝"。悲观者预测，超过2 000种垃圾币会像猛犸象一样灭绝。

长期以来支持比特币的人——那些至少没有对代币进行

大量投资的人——对此不禁幸灾乐祸。他们甚至给自己起了个名字，为不断增多的加密行话增加了另一个术语——"比特币极大值主义者"。

· · ·

2019 年中期，比特币再次成为加密世界无可争议的王者。这还不是该行业出现的唯一亮点。另一大亮点是稳定币的出现。稳定币是一种创新加密货币，能够创造数十亿美元的价值，足以激起世界最强企业之一的兴趣。

稳定币可以应对最常被抨击的比特币短板之一——极端波动性。毕竟，对于一种新型货币来说，如果其价格每隔几个小时就会大幅波动，那么其优势在哪里呢？稳定币通过提供基于区块链货币的众多便利，如轻松转移、防篡改分类账等，解决了这一问题，避免了极端波动性。真正的稳定币永远值 1 美元，或者波动不超过 1 美分。随着稳定币越发受欢迎，对应日元、英镑等其他主要货币价值的稳定币也纷纷出现。

在 2019 年，稳定币其实并不算新鲜事。最著名的稳定币——泰达币（Tether），出现于 2015 年。它吸引了那些游走于各种加密货币之间，又不想支付加密货币换算为传统货币所产生的费用的交易员。然而，泰达币的信用遭到了质疑。交易员想知道，他们如何能肯定泰达币和美元等值。负责监管泰达币的未知组织向用户保证，他们有相应的储备金来保障每泰达币都能有 1 美元的价值，但是他们拒绝通过审计调查来证实这一点。这就很令人怀疑。后来泰达币与具有争议的 Bitfinex 的联系被曝光，纽约市首席检察官随即对其进行了欺诈调查，公众对泰达币的怀疑只增不减。

被质疑背后支持者的稳定币，不止泰达币一种。2018 年早期，一家名为 Basis 的稳定币初创公司拿到了来自贝恩资本和谷歌风投等蓝筹股投资者的 1.33 亿美元投资。Basis 提议，为保证币值稳定，每跌破 1 美元就发行债券。但该计划意义不大，因为无法保证人们一定会购买债券。同时，美国证券交易委员会警告说，此债券计划相当于出售证券。Basis 在短期内放弃了该计划，并归还了它筹集到的大部分资金。

针对稳定币，真正有用的做法是将其价值与美元储备挂钩，并进行第三方审计以证明美元储备确实存在。这正是币基在 2019 年夏天采取的做法。币基与竞争对手世可合作创建了一种名为"美元币"（USD Coin）的新加密货币。同期，温克勒沃斯兄弟创造了自己的稳定币，称为"双子座美元"。很快，这些稳定币和越来越多的其他稳定币，建立了稳定币的可信度，并挑战了泰达币作为加密交易市场固定财产的地位。到 2020 年，币基和其他公司开始为客户存储的稳定币支付利息，标志着加密货币可以发挥类似于普通储蓄账户的作用。

更重要的是，稳定币的增长，向加密世界以外的重要人物发出了信号：基于区块链的资金可以改变金融领域。长期以来一直对加密货币持怀疑态度的政府部门，开始尝试以稳定币的形式发行货币。然而，2019 年 6 月，脸书投下了一枚重磅炸弹。

流传数月的谣言称，脸书将推出一种加密货币。该计划被称为"天秤币计划"（Project Libra），比许多人想象中的更庞大、更雄心勃勃。脸书的新货币——天秤币将与一揽子全球货币（包括美元、欧元和瑞士法郎）挂钩，供世界各地的脸书用户使用。这意味着任何使用脸书或同公司其他产品〔如 Instagram、WhatsApp（手机通信应用程序）〕的人都可以轻松获得这种新货币。

更引人注目的是，脸书已经与来自金融和技术领域的一线品牌，包括维萨、万事达卡、优步、声田和易贝，达成合作伙伴关系，建立联盟。脸书的总体计划要求其合作伙伴帮助维护数十个区块链节点，这些节点将为天秤币创建交易分类账，并向储备基金捐款，以硬通货支持天秤币。

合作伙伴中有两家专门从事加密货币储蓄的公司，以及币基。脸书和币基之间早有关联：天秤币计划的总负责人是 PayPal 的前总裁戴维·马库斯，最近他已入职币基董事会。尽管硅谷多年来一直有流言蜚语表示脸书试图收购币基，但传言并不属实。脸书甚至从未询问收购事宜，两方的首席执行官——币基的布赖恩·阿姆斯特朗和脸书的马克·扎克伯格也从未见过面。

天秤币计划，也只是邀请币基作为其约 100 个合作伙伴之一，帮助脸书运营新的区块链网络——如果该计划得以实施的话。不幸的是，推出该计划时，脸书已被国会和世界各地的监管机构视为眼中钉。脸书成了众多反垄断调查的对象。对于许多政府来说，脸书控制全球货币供应的前景是不可接受的。同时，脸书的一些知名合作伙伴，包括维萨和 PayPal，对政治热点问题感到不安，纷纷退出了合作联盟。

天秤币计划不仅是一个政治雷区，有人担心它也会是一个经济雷区。哥伦比亚大学法学院教授卡塔琳娜·皮斯托告诉《财富》杂志，如果货币交易者使用脸书的天秤币而不是当地货币，诸如肯尼亚等发展中经济体的汇率稳定性将遭到破坏。有人认为天秤币是少数公司将货币供应私有化的第一着棋，有少部分人认为这无异于彻底叛国。"就算脸书组建了一支军队，对于美国人民的威胁恐怕也不比当前的做法多多少。"加密货币律师普雷斯顿·伯恩直言不讳道。

评论家提出了许多有效的问题，截至本书撰写时，脸书能否克服政府的反对并真正启动天秤币计划还是一个未知数。能够确定的是，硅谷仍然能够创造伟大的、改变世界的技术，无论外界是否乐于接受。同时硅谷也表明了，这些技术可能会破坏全球金融。

如果美国政府不允许加密技术蓬勃发展，很有可能中国会允许。中国已经责成其中央银行创建人民币的数字版本。如果这种情况发生了，可以打赌美国国会和美国政府将重新审视脸书的天秤币。

· · ·

各国政府可能对脸书的数字货币计划既震惊又警惕，但其实在加密圈，天秤币计划备受嘲笑。它不被认为是真正的加密货币，而是一个受控于强大阴谋集团的堕落产物。而资深的比特币支持者警示人们，一定要避免集中化。

人们质疑企业新推出的加密货币，再加上代币市场持续低迷，导致比特币的光环比以往任何时候都更加明亮。中本聪发明的比特币到现在已经使用 10 年了，并且安全性比以往任何时候都高。为了凸显这一点，加密界的亿万富翁、币基的早期投资者巴里·西尔伯特投放了一轮全国性电视广告，呼吁投资者放弃黄金，购买比特币。同时，历史悠久的经纪公司嘉信理财在 2019 年底发布了一份清单，列出了千禧一代最常持有的股票。在这份清单上，亚马逊、苹果、特斯拉和脸书名列前茅。排在伯克希尔·哈撒韦和迪士尼之前的第五名是一只名为"灰度比特币信托"（Grayscale Bitcoin Trust）的股票，它为投资者提供以股票形式购买比特币的方式。

比特币网络已经无间断地运行了 10 多年，这种弹性，越发让人津津乐道。"联邦结算系统让人失望。比特币永远蒸蒸日上。"一位加密基金经理和社交媒体人士在推特上写道。紧接着这一句的是:"股市已经关闭,比特币世界永远不关闭。"数百名其他加密货币的信徒加入了讨论,频出金句:"银行会在不通知你的情况下关闭你的账户,比特币永远不会。"诸如此类。

2019 年中期的比特币热潮俨然像一场宗教复兴。比特币作为最古老的加密货币,战胜了一众支持不同代币的竞争对手。比特币信徒由此感到,比特币将一劳永逸地维持最高地位。但这不代表比特币不会迎来任何强大的敌人,比如美国总统。

"我对比特币和其他加密货币一点都不感兴趣,这些货币根本算不上钱,价值极不稳定,毫无根基。"特朗普总统在推特上气冲冲地发表长篇大论,并说加密货币与非法活动有牵连。此番批判,或许是基于脸书天秤币计划的相关新闻,以及特朗普本人对科技行业一向的敌意。

很讽刺的是,特朗普的言论,在通常坚定支持他的边缘另类右翼人物中引起了强烈反对。同时,普通的比特币爱好者十分开心地看到,即便是总统的批判也只引起了货币价格的小幅下跌。对他们来说,这无疑再次证明了比特币的弹性。

对于布赖恩和币基的其他人来说,比特币在 2019 的复兴感觉就像是老朋友的回归。

由于比特币价格上涨和交易量回升，币基的收入再度飙升。在公司内部，普通员工热烈欢迎布赖恩重返日常决策。许多员工一直觉得，赫尔吉担任领导者很不合适。只有像布赖恩这样的加密货币信徒才能领导一家像币基这样的公司。布赖恩还找到了领英的资深员工埃米莉·蔡来接任赫尔吉的首席运营官一职。布赖恩可以担当一个值得信赖的中尉角色，平息内部政治斗争。

在业务方面，币基仍然落后于币安，但差距正在缩小。币基现在在全球市场上提供数十种加密货币交易，与此同时，币安的交易所遭受了一场重大的黑客攻击，损失了价值4 000万美元的比特币，声誉受损。再加上，不断有谣言称，美国证券交易委员会和其他机构即将开展调查，如果成真，毫无准备地迎接监管者，显然风险过大。

目前，币基的最新尝试——促进收入多样化而不仅仅局限于交易佣金——有成功的迹象。自2018年初以来，币基一直在推进一项名为"托管"（Custody）的服务，允许基金和富人以少量费用存储加密货币。托管服务还为提供其他基于加密货币的金融服务打开了大门，例如为Tezos等区块链项目提供贷款和代理投票业务。为助力加密交易与传统金融服务日益相当的势头，币基以超过币安的出价，收购了一家名为"Tagomi"的由高盛的高管创立的机构经纪业务公司。

通过所有这些工作，币基及其竞争对手不断建构着在传统银行业已经存在多年的基底。也许赫尔吉的决策并不全是错的。华尔街和硅谷的联系越来越紧密。币基击败美国富达投资集团——老派东海岸投资公司代表，收购了比特币存储服务公司 Xapo，更加证实了这一点。总价值 5 500 万美元的收购，让币基拥有了近 80 万个新比特币。2019 年夏季结束时，币基将控制 5% 的现有比特币。

第十七章 —— ○ 金融的未来

摩根大通大厦位于著名的曼哈顿公园大道，这栋52层的玻璃建筑高耸入云，蔚为壮观，宣示着权力与威望。在第49层不仅能俯瞰纽约中央公园和市中心的壮丽景色，还能欣赏各种精美的艺术品，包括美国第三任副总统阿伦·伯尔在决斗中杀死第一任财政部长亚历山大·汉密尔顿时所用的手枪，这把手枪现藏于玻璃盒中。这一层还有一个酒吧和一张长桌，银行家和其宾客们就在这座城市的半空中用餐。这一切背后的主导者是杰米·戴蒙，他是世界上最有影响力的银行首席执行官之一，也是比特币最著名、最强大的反对者。

戴蒙头发灰白浓密，五官柔和，一双蓝眼睛敏锐深邃。2019年春天的一个早晨，戴蒙从椅子上站起来，将锐利的目光投向布赖恩，这位只有他一半年龄的首席执行官刚从加利福尼亚州抵达曼哈顿。戴蒙伸出手，布赖恩抓住他的手握了握。两人转过身，从戴蒙办公室的窗口向外凝望这个世界金融之都。

对于布赖恩来说，这次秘密会议是一次学习机会。布赖恩仍然无限渴求自我提升，他问戴蒙对于金融体系有什么高见，不久前，他刚问过高盛的高级董事长劳尔德·贝兰克梵同样的问题。戴蒙与布赖恩见面的动机就没有那么明确了——指导一位年轻高管能体现其良好风度，除此之外，还有什么能促使对加密货币最严厉的批评者与加密货币最大的倡导者之一面对面坐下来呢？事实证明，戴蒙对加密货币的看法比媒体宣传所暗示的要微妙得多，他在某种程度上只是厌倦了一直被纠缠于这个问题。

人们不久之后就能明白这一点。"我不想成为比特币反对者的代言人。我真的一点都不在乎——就是这样，懂了吗？"戴蒙在采访中这样说。

他对加密货币的看法令人惊讶，但更令人惊讶的是他对加密货币做了什么。过去 5 年中，虽然他大肆批判比特币，并解雇了交易加密货币的交易员，但与此同时，他也在摩根大通内部悄悄推动雄心勃勃的区块链研究，例如创建了 Quorum（分布式账本协议），这是一款以太坊的衍生产品，可作为金融交易的专用网络和分类账。他甚至还批准了摩根大通代币，这是一种新的加密货币，可以与客户结算跨境支付。

摩根大通逐渐涉足加密领域，币基也在向传统银行业务靠拢。币基曾是一家初创公司，当时正在申请联邦银行牌照，这个强大的许可证将为币基打开联邦存款保险公司担保存款的大门，并让币基直接进入美联储系统。两位领导者似乎在意识形态上有着天壤之别，正如他们的办公室在地理位置上相距甚远，但他们却一直在朝着彼此前进，虽然他们对此一无所知。

2019 年，华尔街和硅谷已经相距不远了。币基花了一年时间追赶币安，但"从长远来看，这并不是币基与币安之间的对抗，而是币基与摩根大通之间的对抗"，币基的早期投资者、比特币亿万富翁巴里·西尔伯特说过。

从长远来看，西尔伯特的预测可能会实现，但就在 2020 年，币基和高级金融机构摩根大通却将以令人惊讶的方式走到一起。事实证明，布赖恩和戴蒙的这次见面为摩根大通将币基吸纳为银行客户奠定了基础。就在 5 年前，对初创公司一贯友好的硅谷银行因担心比特币风险而切断了与币基的合作，现在摩根大通——这家华尔街最受尊敬的金融公司——接手了币基的资金。

· · ·

我们会高估技术短期内的影响，却常常低估技术的长期影响，这就像一个定理。消费者互联网的发展就是一个例子，

20 世纪 90 年代，它的到来引发了一阵狂热投机，紧接着就是一场惊动一时的市场崩溃。巴里·舒勒曾在互联网热潮中最著名的公司之一美国在线（America Online）担任首席执行官，他回忆起接下来发生的事情："市场冷却下来后，许多媒体松了一口气说：'不用担心。'美国在线的市场崩溃后，每个人都在想：'感谢上帝，这只是一时狂热。'当然了，现在奈飞（Netflix）正在扼杀媒体公司。"

长期担任币基董事会成员的舒勒认为噩梦将会重演。他说，2017 年泡沫破灭以来，华尔街金融机构开始对加密技术感到自鸣得意，但舒勒说这个状态不会持久。"看看互联网从 20 世纪 90 年代到现在的发展变化，"他继续说，"看看所有被颠覆的业务——从零售业到媒体业，再到广告业，但金融服务基本上没有受到影响。金融从业者在其核心服务之上建立了一个交易层，供客户检查账户，但深层次的一切都是老旧过时的。而且金融是世界上最大的产业。"

舒勒预测，华尔街与许多其他行业一样，正处于被互联网颠覆的风口浪尖。他说，区块链将催生一种基于代币的新金融系统，能够从根本上改变传统的债务和股票市场，问题在于银行和保守金融公司能否尽快适应这个不断变化的世界。特许金融分析师亚力克斯·塔普斯科特——同时也是《区块链革命》的作者之一——指出，现有金融机构几乎很少站在技术变革的最前沿。"通常，旧范式的领导者不会接受新范式。

这就是万豪国际集团不接受爱彼迎的原因，也是白页被谷歌取代的原因。"塔普斯科特说。他的观察完美体现了"创造性破坏"，这是传奇经济学家约瑟夫·熊彼特创造的一个短语，他在约 80 年前将其定义为"一个不断从内部变革经济结构、不断破坏旧有结构、不断创造新结构的工业突变过程"。

但塔普斯科特指出，在金融领域，有些银行比典型的旧机构更愿意适应即将到来的变革狂风，例如摩根大通正在开展区块链研究，富达这家管理着近 7 万亿美元资产的投资巨头也正在积极向加密领域扩张。

舒勒和塔普斯科特并不是少数几个相信区块链带来的大规模颠覆即将席卷华尔街的人，任何熟知加密的人都能迅速证明这一种技术远比当前的系统优越，采用加密技术将成为必然趋势。他们指出数字代币潜力巨大，不仅可以用作货币，还可以用于跟踪所有权和防篡改记录保存。巴拉吉·斯里尼瓦桑说，代币一个显而易见的用途就是股权结构表——这类文件记录公司股东及其股份，被初创公司和风险投资行业普遍使用。

"目前，股权结构表都是在 Excel 表格中由人工编辑的。如果有了区块链，所有代币都能自动更新，那么管理投资组合和更新私人股票记录将变得更加容易，再也不需要催 50 个人回复邮件了。"巴拉吉说。他因颇受争议从币基辞职，后来加入了另一家加密初创公司。

不过股权结构表只是金融世界中可以通过广泛应用代币加以改革的一小部分，康奈尔大学计算机科学家、区块链领域权威人士埃明·居恩·西雷尔教授预测，整个华尔街的中介服务机构——尤其是律师和审计师——都将被取代，他说："代币的本质是便于公众审查和审计，区块链技术无须人为干涉，所以我们并不需要那么多中介服务机构。"

西雷尔还预测，每张证券最终都将成为区块链上的代币。他曾经认为证券交易所会用代币替换股票以推动变革，但现在他认为，当初创公司决定从币基等加密货币交易所而不是传统交易所融资时，向代币的转向就出现了。西雷尔认为，像纽约证券交易所这样的公司最终会收购其他加密公司，将其纳入现有服务。

西雷尔对加密行业的未来还有另一个预测，他说，只要加密行业受到投机驱动，那么交易所——例如币基、币安、克拉肯、双子星等——将在加密领域中占据核心位置。但随着加密行业逐渐成熟，以及代币汇入金融主流，成为其核心的可能是提供其他服务（贷款、投资建议或咨询）的公司。

如果西雷尔的预测是对的，那么这对币基意味着什么？币基长期以来一直努力拓展交易所之外的业务，并通过开展托管等新业务越来越受欢迎，如果获得联邦银行牌照，币基可能会发展为成熟的金融服务巨头。

但到目前为止，币基的最大成就还是弥合了比特币信徒和普通消费者之间的分歧。布赖恩曾认为，如果能提供一种购买加密货币的简单方法，那么人们每天都会购买，事实证明这一远见是对的。文塞斯·卡萨雷斯是早期的比特币企业家，也是最早将加密技术引入硅谷的人之一，他认为币基将成为更大规模的加密经济的支柱公司。他说："我认为有时候比特币信徒们有点天真或头脑简单，他们没有意识到如果币基没有为比特币创造一个大市场，他们就不能从比特币的高价中获益了。"

然而，这一切并不意味着币基注定将在即将到来的加密时代里成为新的摩根大通，一个很重要的原因是，尽管每个熟悉加密技术的人都预测它会扰乱华尔街的原有秩序，但没有人可以确定具体时间。

· · ·

"加密技术正处于类似苹果二代（Apple Ⅱ）的发展阶段，我们真正需要的是个人计算机。"风险投资家、币基董事会成员克里斯·狄克逊说。这是一个很好的比喻。苹果在1977年推出的苹果二代计算机很受欢迎，但只有一小部分美国人会购买这一款产品。直到4年后，随着IBM推出个人计算机，其才成为主流，这就是为什么《时代》杂志将1982年视为计算机年。

赫尔吉同样认为加密行业即将发生重大变革，但不确定在何时。虽然尴尬地离开了币基，但赫尔吉对区块链技术的热情却在与日俱增。"我认为加密技术是科技领域的第三次重大变革，"他说，"经历了从大型机向移动云计算的转向之后，下一个技术阶段将是去中心化的区块链计算。"

虽然很容易想象币基和摩根大通等公司未来将会在金融领域展开决战，但它们并不是彼此唯一的竞争者。《区块链革命》的作者塔普斯科特说，大型科技巨头——不仅包括脸书，还有亚马逊和苹果——都很可能轻易主导加密技术的发展，接着就轮到各国政府部门了。他指出，中国和委内瑞拉等国的政府正在开发加密货币。"在加密货币领域会有很多力量——技术公司、银行、初创金融公司和政府等——聚到一起，这将是一场硬战。"塔普斯科特说。

讽刺的是，这场战斗的获胜者可能并不是上述任何一位参与者，相反，加密领域的主导力量或许是一种叫作"去中心化金融"（DeFi）的新兴技术。在一个去中心化金融的世界中，类似比特币的网络将提供各种金融服务，例如由智能合约运行的贷款或存款，这些服务都超出了公司或政府的控制范围。去中心化金融不仅仅是一个想法，许多项目已经启动并开始运行了，币安的首席执行官赵长鹏也已启动去中心化交易，甚至有传言称，赵长鹏计划将其整个加密帝国转移到去中心化金融网络中，然后躺在公海里的游艇上监督其运行，这也许是任何监管机构都无法企及的。

如果这一充满叛逆的加密愿景得以实现，那么一个很大的原因可能是美国政府的监管举措太过激进且前后矛盾。在研究过程中，我的采访对象反复提及他们对美国扼杀加密创新并迫使其离岸的担忧。在缺乏国家对加密行业在政策和法律方面——类似于美国国会在 20 世纪 90 年代通过的支持互联网创新的立法——支持的情况下，美国正面临一个非常现实的风险，那就是在加密这项能够改变世界的技术上丧失领先优势。

西雷尔认为，去中心化金融有望真正成为加密的未来，但他指出这项技术还需 5 年才可能投入使用，他还指出，加密社区改善现有网络（尤其是比特币和以太坊）的愿望可能遥不可及。"比特币依赖于叙事技巧，扩展网络的解决方案往往需要花费一年半的时间。就像戈多一样，永远不会到达。"西雷尔援引了塞缪尔·贝克特著名的存在主义戏剧《等待戈多》。

他并不是唯一指出加密货币不仅受到技术驱动，还受到神秘力量驱动的人。诺贝尔经济学奖得主罗伯特·希勒在其最新著作《叙事经济学》的第一章中详细介绍了比特币。希勒说，这种加密货币并没有内在价值，但它受到一种极具感染力的信念的支持。

但像希勒这样对加密货币深表怀疑的学者仍属少数。近年来，美国和世界各地的高校对加密货币和区块链的研究呈现了爆炸式增长。不过直到 2016 年，前检察官、币基董事会成员凯蒂·豪恩才开始在斯坦福大学教授美国少有的加密课程。到 2019 年，世界排名前 50 的高校中，有 56% 都提供了至少一门加密课程，有些学校甚至已经开设了多门课程：康奈尔大学开设了 14 门区块链相关的课程，哥伦比亚大学、纽约大学和麻省理工学院至少开设了 6 门课程。另一个引人注目的现象是，这些课程不仅被纳入计算机科学专业的课程表，法律、管理、人文和工程等学科也在教授加密课程。

这一切不仅代表着知识的激增，也体现了年青一代渴望从事加密相关职业的抱负，他们可能会带来新的突破，解决一直困扰区块链的扩展问题，同时，其中一些学生可能会创办公司，为金融部门带来新型加密货币和区块链技术，或以我们无法想象的方式把加密技术带向消费者。

· · ·

2019 年，币基加强了保密工作，要求布赖恩连预订位置喝杯饮料都必须使用别名，所以现在，布赖恩预约任何一家旧金山湾区的餐馆时，用的名字可能是西蒙·布拉德肖或其他听起来像英国人的名字。要经营一家 10 亿美元市值的公司，这个代价并不算大。

接受采访时，"西蒙"穿着他标志性的黑色 T 恤来到旧金山金融区一家不起眼的酒店餐厅，点了一杯苏打水，这就是他晚上的全部食物——弗雷德劝他试试24小时禁食。布赖恩对餐厅的工作人员很有礼貌，已经摆脱了他在刚成立币基时所采用的"别烦我"的风度举止。

我问他对于币基的未来有什么看法，以及有什么东西会使他彻夜难眠。事实证明，布赖恩最大的担忧并不是来自摩根大通或币安，甚至不是美国监管机构长期笼罩在加密行业上的阴霾，而是来自他尚未遇到的事情。

"当币基还处于进退两难的青少年时期时，加密行业还在不断向前发展。第二代加密技术迅速出现，开始和我们抢夺午餐，而现在又会有第三代加密技术公司出现，这将是一家资金充足、合乎行业规范的公司，会成为迄今为止我们最大的威胁。"布赖恩说。

这种恐惧普遍存在于硅谷企业家之中，但这是一种健康的情绪，能够推动行业进行无休止的创新，即使是最著名的公司也可能因为停止创新而倒闭。

"我不想成为华尔街或富国银行，我希望币基带来经济自由，"布赖恩说，"在商业领域，最难的事情之一就是不断创新，而更难的是打造一家能够经受住时间考验的公司。"为了做到这一点，币基在未来必须成为上市公司。当被问及这种情况何时会发生或将如何发生时，布赖恩表示无法回答，但一直以来很熟悉币基的业内人士预测，币基的上市过程将涉及代币发行和传统 IPO 的结合。

币基的联合创始人弗雷德·埃尔扎姆谈及传统上市方式时说："这很无聊，不是吗？"他补充道，币基将借助区块链实现"精神上的"上市。如果这一预测成真，则标志着币基在其漫长而意义非凡的加密创新之路上又创造了一个第一，留下了宝贵财产。

许多曾任职于币基的员工已经开始创造他们自己的加密财产。弗雷德和奥拉夫正在经营价值数亿美元的加密基金，币基的第二号员工克雷格·哈梅尔——这位说话低声细语的工程师——也正在计划建立自己的初创公司。他对细节缺少把握，但很乐于与南美商家展开合作，越来越多的南美民众开始使用比特币，保护自己的财富免受政府破坏性经济政策的影响。

这些前雇员的愿景显示出一个共同点，那就是将硅谷"挑战不可能"的态度带入古板的金融世界。"我希望有更多人来尝试颠覆性创意和新鲜事物，"布赖恩若有所思地说，"我记得以前很多人把比特币描述为一场骗局，而且经常挂断我们的电话，其实很多人只是害怕新想法。但在硅谷，人们不像在其他地方那样多疑，你仍然可以抛出疯狂的想法，而人们会对此感到激动不已。"

尾 声

2020 年 3 月 9 日，在全球油价暴跌和新冠肺炎疫情肆虐的阴霾笼罩之下，道琼斯指数暴跌 2 000 点，创下历史之最。紧接着，道琼斯指数在 3 月 12 日下跌 2 350 点，在 16 日下跌 3 000 点。在这场百年一遇的浩劫中，股票、债券、大宗商品乃至贵金属市场均大幅跳水，整个金融市场无一幸免。

比特币也在劫难逃。

3 月 16 日，比特币价格跌破 5 000 美元。就在几周前，其价格还高于 10 300 美元。加密货币抵制者大受鼓舞，驳斥比特币"升级版黄金"之名——黄金的价值因其抵御金融冲击的能力始终居高不下，而比特币却在关键时刻掉了链子。

不久之后，比特币东山再起，历史再度重演。6 月，比特币价格突破 10 000 美元，原始加密货币在 2020 年的表现超过了包括黄金在内的几乎所有形式的资产。在长年持有比特币的人看来，这段插曲不过是再次印证了比特币如同风中劲竹——足以承受一切打击，并因此变得更加强大。与此同时，凭借在 2017 年经济泡沫高峰期积累的财富，币基利用这段震荡期开疆拓土。

· · ·

在旧金山最高的一栋楼的顶层公寓中，币基的创始人正在等待疫情平息。与他比邻而居的包括美国职业篮球明星凯文·杜兰特和金州勇士队的其他球员。布赖恩很早便察觉到疫情危机下潜藏的变化，币基的"居家办公"方案已被广泛应用于硅谷等地。

但他并非加密界预警新冠肺炎疫情的第一人——这一称号当属币基前任首席技术官巴拉吉·斯里尼瓦桑。他险些在挽救币基时令整个公司毁于一旦。

早在病毒全面入侵美国的几个月前，巴拉吉就像疯子一样在推特上发出警告，称病毒正在全球蔓延。一名科技杂志记者因此戏称他为"泡沫男孩"。洗刷了冤屈后，巴拉吉并不满足于事实上的胜利。相反，他怀着怨愤之情同媒体厮杀交锋，还鼓动其他人加入其中——可见加密世界和硅谷培养的人才是何等富有、聪明过人而又锱铢必较。

加密社区内更流行用表情包回应新冠肺炎疫情带来的经济冲击。在社交媒体、网站和其他平台上，加密世界用"美联储牌印钞机"来讽刺美国财政部在疫情期间大肆印钞之举。绰号旁边还配有一幅美国官员操控着印钞机疯狂向外吐钱的图片。

. . .

截至 2020 年，协助布赖恩创立币基的早期团队成员早已分散至不同的企业，但几乎所有人都还在加密领域深耕。其中包括公司的第二号员工克雷格·哈梅尔，他对比特币代码进行了深入研究，将其作为使用加密技术帮助贫困社区计划的一部分。币基的第三号员工李启威在 10 年前建立了比特币的竞争对手——莱特币，并致力于莱特币的隐私功能设计。

初到币基时，奥拉夫·卡尔森－维穿着沾有树木汁液的伐木工服，只能睡在朋友家的沙发上，如今他已经从小丑蜕变为国王。他成立的加密对冲基金多链资本从旧金山破旧的临时办公室搬到了海滨宫殿般奢华的办公套房里。一个人如若掌控着投资者超过 10 亿美元的基金，难免会在衣食住行上讲究一些。但奥拉夫没有完全放弃自己的怪癖，他将这座宫殿的角落留给了心中的文学英雄——戴维·福斯特·华莱士。

币基元老中还有人和奥拉夫一样是半路出家。2017 年初，亚当·怀特还在竭力向老牌金融服务巨头坎托·菲茨杰拉德公司推销比特币，加州人较真的个性在他身上表现得淋漓尽致，当时回应他的只有来自一屋子华尔街精英无情的嘲笑。三年后，他成了华尔街精英中的一员。作为纽约证券交易所加密资产交易平台巴克特（Bakkt）的总裁，他已然成为传统金融圈无人不晓的比特币期货交易新贵。亚当和币基的努力填补了横亘于硅谷与美国东海岸金融圈之间的鸿沟。

除了华尔街外，曾在币基任职的员工还将加密福音传播至华盛顿。公司首席法务官布赖恩·布鲁克斯将接管美国货币监理署，主要负责银行监管。此外，币基另外两名律师——多萝西·德威特和安德鲁·赖德诺尔——将任职于美国商品期货交易委员会，该机构是美国最具影响力的金融监管机构之一。

随着他们的到来，越来越多的监管者和国会议员意识到，加密技术不仅是掩盖犯罪与混乱的幌子，也是足以推动财富变革的强大技术。联邦政府对比特币的排斥也在慢慢减弱，一些州政府正为加密技术的到来做准备。比如，怀俄明州新通过了一系列银行法，以鼓励加密公司在该州经营。

・・・

不过，上述变化并不意味着加密技术不再游走于黑色地带。一份报告显示，2019 年，加密诈骗涉案金额高达 40 亿美元，创下历史之最，"庞氏骗局"的影响尤其恶劣，社交媒体诈骗无孔不入。瑞波公司首席执行官布拉德·加林豪斯的形象被非法用于大量引诱用户汇款的视频中。作为一家专注于加密支付的金融公司，瑞波不得不向 YouTube 提起诉讼。此外，2020 年 7 月，推特遭到青少年黑客入侵，包括布赖恩、埃隆·马斯克和米歇尔·奥巴马在内的多位名人政要的账号都受到影响，黑客借机鼓动数百万粉丝进行比特币汇款。美国娱乐时间电视网播出的电视剧《亿万》深受金融迷的喜爱。该剧第五季的一个关键情节正是从主人公尚未成年的儿子非法经营的比特币矿场展开的。

总体而言，比特币风头正盛。主流媒体的报道可见一斑。过去很长一段时间内，主流新闻媒体对加密的报道只涉及犯罪或淫秽色情，对其他方面绝口不提。如今，头条新闻大多集中于如"2020 年 4 月，风投公司安德森 & 霍罗威茨新推出 2 亿美元加密基金，该基金将由前联邦检察官、现任币基董事会成员凯蒂·豪恩监管"等报道上。

尽管华尔街和硅谷一直努力推动加密货币合作，但加密货币的宿敌并未停止发难。早在 2020 年 5 月，高盛集团就在向投资人展示幻灯片时对比特币嗤之以鼻，称它为"郁金香狂热"，直言它将被犯罪分子滥用。加密货币信徒当即在推特上奋起反击，举例指责高盛集团业务细节不详，还提醒对方别忘了曾经有两个扎着丸子头的高盛主管试图建立自己的加密货币柜台，最终铩羽而归。

如此看来，比特币拥趸与高盛集团分析师之间的明争暗斗，很可能将成为加密文化的永恒旋律。不过，蒸蒸日上的加密文化中始终不见女性的身影。币基早期领导者纳塔莉·麦格拉思创立了一家致力于帮助初创公司培养企业文化的精品公司。她发现，加密技术只有"扩大多样性和代表性才能真正蓬勃发展"。随着美国社会越来越重视社会包容度和社会公平问题，解决这一挑战迫在眉睫。

• • •

　　加密的未来难以预料，预测结果也往往和事实大相径庭。很多人错误地估计了比特币的灭亡，也有不少人押注这一数字货币的价格将在不久后飙升至 10 万美元，离谱而疯狂。

　　不过，币基联合创始人弗雷德·埃尔扎姆的预测还是值得一提的。2020 年，弗雷德几乎已经完全颠覆了他过去"披荆斩棘"的硬汉气质，转而通过内观禅修进行冥想。据他描述，在为期 10 天的静修中，他需要摒弃一切杂念，远离社交、工作和名利。这一过程促使他反思生活，重新审视内心将改变世界的想法，尤其要对加密技术加以思考。

　　"万事开头难，建立基于网络的新技术也不外如是，但加密技术似乎已经成功克服了初始惯性。"弗雷德说，"未来 20 年，它将像互联网一样，以所有人始料未及的方式震惊世界。"

致　谢

比特币是一种数字货币，但同时也是一种技术，一开始可能令人生畏、难以理解。幸运的是，有很多人热衷于解释比特币和其他加密货币的新奇之处。2013 年，在纽约的一个露天音乐节上，我首次遇到比特币，也碰见了这样的人，从那时起，我有幸与许多人交谈，他们花时间帮助我了解一种叫作区块链的出色技术。

尽管加密货币社区在戏剧和内斗方面享有当之无愧的声誉，但也乐于提供令人难以置信的支持。在撰写本书期间，许多人给我提供了建议，给予了鼓励，我衷心感谢他们：劳拉·辛、亚力克斯·塔普斯科特、瑞安·塞尔基斯、弗兰克·查帕罗、皮特·里佐、丹·罗伯茨和凯瑟琳·布赖特曼。

我还要感谢币基的许多现任和前任员工，他们花时间与我坦诚谈论公司并分享公司的许多秘密，感谢币基的沟通团队安排了许多采访。同样，我要感谢巴里·西尔伯特、克里斯·狄克逊、埃明·居恩·西雷尔，以及其他众多加密货币理论家和企业家，他们提供了有助于本书的更广泛的想法。

没有我的雇主《财富》杂志的支持，我不可能写出本书。《财富》杂志不仅为我提供了写作的时间，而且让我可以自由报道和撰写有关加密货币的文章，即使这些话题远远超出了该杂志普通商业读者熟悉的范围。我特别感谢《财富》杂志的首席执行官艾伦·默里和出色的编辑克里夫·利夫、柳仕鲁、亚当·拉申斯基和马特·海默。我同样感谢《财富》杂志的其他作家，这些令人愉快的人是灵感与合作的源泉，尤其是耶恩·维克兹纳和戴维·Z.莫里斯。

我要感谢马萨诸塞州科德角的伊斯特汉姆公共图书馆，该图书馆友好体贴的工作人员和令人愉悦的氛围帮助本书得以问世。我也非常幸运，安妮·斯塔尔和哈佛商业评论出版社的整个业务团队才智卓越，富有专业精神，谢谢他们。

我还要感谢我的家人，在进行这个项目时的许多夜晚和周末，他们为我提供了许多支持，带来了很多愉快的消遣。感谢我的朋友贾斯廷·伦阅读了早期草稿。最后，我想感谢三位我特别感激的人：哈佛商业评论出版社的编辑斯科特·贝里纳托，他每时每刻都在改进文本；我的经纪人莉萨·迪莫纳，在出版过程中的关键时刻付出了很多精力，给了我很多鼓励；我的朋友兼《财富》杂志同事罗伯特·哈克特，不仅阅读了初稿，而且跟我一样对加密货币和新想法充满激情。

译后记

2021 年 4 月 14 日，币基以直接挂牌的方式在纳斯达克上市，盘中市值达近千亿美元。虽然以往对比特币也有所耳闻，但从未深入了解，这个翻译项目也能让我和我的学生通过翻译学习这方面的知识（learn through translation）。

培养翻译硕士时，我一直努力围绕以出版为导向的翻译能力综合培养这一目标，带领学生翻译了近 30 本书，让学生得到了很好的锻炼。同学们对参与图书翻译项目很有激情，非常投入。这次也是一样。

参与翻译这本书的同学有：罗皓雪、沈明霞、王媛、郭松硕、张金妹、左珈源、韩筱艳、欧宝怡、郑羽、姜悦晴、罗天昊、焦镜亦、张乐怡、赵瑞、王文思、黄页清、项子洁、王芸霞、魏欢、刘池恬、常沙、贾青倩、莫菲菲、刘欣、张涵纳、吴可凡、瓦赫坦·考鲍兹（Vakhtang Khabazi）。张乐怡担任项目经理，郭松硕、张涵纳和刘池恬负责术语及专有名词。项目按照标准图书翻译流程，做了扎实的翻译准备，学生翻译后进行了相互审校，最后由我进行了三遍审校和润色。

我相信，参与这个项目将是他们研究生阶段难忘的回忆之一，同时我进行的一字一句的修改也会帮助他们发现自己理解和表达方面的问题，有助于他们在今后进一步努力提升自己的翻译水平。由于时间仓促，审校过程倍感艰辛，本人虽已竭尽全力修改润色，但译稿中可能仍有不察之处，作为项目总负责人，责任理应由本人承担。

本翻译项目是浙江省教改项目"现代翻译实务全程模拟实训"，以及浙江大学研究生能力培养课程建设"计算机辅助翻译"项目的阶段性实践成果。在此对这两个项目的支持表示感谢。

同时非常感谢中信出版社编辑的信任，不仅是对我与学生翻译水平和翻译态度的信任，还有对我们翻译模式的信任。也希望更多的编辑、更多的出版社与时俱进，认可技术赋能的翻译实践，认可协同翻译。热点图书同步翻译出版，我们是专业的。

谨以此书作为"计算机辅助翻译"课程的结课纪念。